李百艳　著

发展中的教师校本培训模式

——建平实验中学建校以来的探索

上海教育出版社
SHANGHAI EDUCATIONAL
PUBLISHING HOUSE

图书在版编目（CIP）数据

发展中的教师校本培训模式：建平实验中学建校以来的探索 / 李百艳著. — 上海:上海教育出版社, 2018.7
ISBN 978-7-5444-8684-2

Ⅰ. ①发… Ⅱ. ①李… Ⅲ. ①中学 – 学校管理 – 研究 – 上海 Ⅳ. ①G637

中国版本图书馆CIP数据核字(2018)第168649号

责任编辑 朱剑茂 吴廷廷 顾 翊
封面设计 周 亚

发展中的教师校本培训模式
——建平实验中学建校以来的探索
李百艳 著

出版发行 上海教育出版社有限公司
官 网 www.seph.com.cn
地 址 上海市永福路123号
邮 编 200031
印 刷 上海昌鑫龙印务有限公司
开 本 700×1000 1/16 印张 11.5
字 数 170 千字
版 次 2019年4月第1版
印 次 2019年4月第1次印刷
书 号 ISBN 978-7-5444-8684-2/G·7192
定 价 60.00 元

如发现质量问题，读者可向本社调换 电话：021-64377165

前 言

别问我爱你有多深

人生是一趟旅行，在整个行程中我们会走许多不同的路，或长或短；我们会去许多不同的地方，或近或远；我们会遇见许多不同的人，或亲或疏；我们会留下许多不同的体验，或悲或喜……然而，在这一去不复返的行程中，总有那么一段特别的路、一处特别的地方、一些特别的人和事、一段特别的情感融进我们的生命，刻进我们的心灵，让我们倾情投入，勇敢地去付出与创造，真实而深刻地爱与被爱，让我们的生命因此变得厚重而丰盈。

而立之年，我走上了一条追梦的路。那是2000年初秋的夜晚，一列由松嫩平原开往上海的夜行列车上，我几乎是不假思索地写下了这样一首平仄不谐的小诗："孤雁向南飞，振翅不可追。风霜何足惧，凌云志不悔。"虽然这首小诗今天读起来觉得慷慨激昂得有些夸张可笑，然而，当我诚实地面对自己的时候，又不得不承认这反映了我面对新生活时内心的真实感受：些许恐惧与无限希望的纠结，自我激励与安慰亲友的决绝。火车向南，思念向北，告别了老母亲的苍颜白发，告别了亲友闺蜜频频挥动的祝福与牵挂，穿越重重山水，走过漫漫长夜，在一个璀璨的黎明，我一脚踏上了当时全国最热的土地——上海浦东，走进了这个国际大都市为我敞开的第一扇门——建平实验中学，开始了教育生涯的新旅程。

如果说当时的浦东新区是全国最热的一块土地，而建平实验中学无疑就是这块热土的缩影。热土涌动着热浪，热血沸腾着热望。我和同仁们都有同样的感受，进了建平实验门，就是全新的建平实验人。来不及等待、来不及彷徨，火热的生活、快节奏的工作把一切的空虚寂寞冷、多愁善感忧一扫而光。

学校例会上姜晓勇校长常说的一句话是："我们大家来自五湖四海，因为浦东的开发开放，我们有幸成为同事……"的确，我们的教师队伍来源以浦东本土为主，以上海各个区、县为辅，全国各地兼而有之。西北的远至新疆、青海，东北的远至中俄边境的小城，从珠三角到长三角，从黄河流域、秦岭淮河一线，到长江流域，更远至桂林山水、彩云之南……各地精英在这里荟萃，多元文化在这里交融。建平实验中学就像一个火热的大熔炉，把我们这些异乡人与"原住民"放到一起冶炼，铸成一个新的族群——新上海人。这群新上海人在历任领导的带领下，从初创期的脱颖而出到发展期的内涵建设、再到新时期的奋力崛起，已经把建平实验中学打造成了老百姓心目中的优质教育品牌。现在的建平实验中学一校三区（枣庄路校区、御桥路校区、张江校区）均衡发展，三千多学子、二百六十多位教师与所有的家长正在齐心协力提升教育品质。学校"用父母心办教育""建德建业，惟实惟新"的核心价值追求与"脚踏实地育真人，千方百计创未来"的办学理念与对话管理的思想深入人心；"美丽校园、书香支部、心灵港湾、温馨班级、德业课程、未来课堂、真善少年、仁爱教师、智慧家长"九位一体的规划蓝图正在逐步变成扎扎实实的教育实践。建平实验中学教学质量年年提高，师生个人与学校集体获奖不胜枚举。学校首次获评上海市文明单位、全国心理健康特色培育校，学生的自豪感、教师的归属感、社会的美誉度不断提升……

依托于学校发展，教师队伍也随之成长起来，专业水准与职业精神日益提升，一批教师在浦东新区、上海市乃至全国都小有影响。

我本人就是从一个普通的语文老师一步一步成长起来逐步走上管理岗位的，在这里，我做过班主任、教研组长、政教主任、教导主任、教师发展中心主任、校长助理、副校长，不长时间的调离之后又回来做校长兼党支部书记。从事管理工作的同时，我在专业上也一步一个脚印地拾级登阶，从浦东新区的语文学科带头人、上海市名师后备、上海市青语会秘书长到上海市特级教师、正高级语文教师、教育部"国培计划"领航名师；从学校及新区青年教师的带教导师、浦东新区李百艳语文教师培训基地的主持人到华师大继续教育学院的特聘教授、华东师范大学"国培计划"学科培训专家、教育部"国培计划"北京大学研修工作坊主持人；从攻读华师大的教育硕士到考取华师大的教育博士……近二十年的岁月不算漫长，但是对于我的职业生涯与生命成长来说意义却无比深广，浦东这块热土所给予我的早已超出了我的所求和所想！

到2019年，建平实验中学办学20周年。20岁的青年，雄姿英发、风华正茂，被称为弱冠之年，他过了20岁生日被长辈加冕之后从此走向强盛。20岁的学校，生机蓬勃、元气淋漓，即将进入一个全新的教育季节，开启学校发展的新纪元。在这样的重要时刻即将到来之际，我常常想，作为建平实验中学的一员，作为建校第一年就加盟的"元老"，作为现任校长的我，拿什么奉献给这所我工作了20个年头的学校？拿什么奉献给为这所学校的发展付出智慧与汗水的每一个建平实验人？拿什么奉献给无论走到天南海北永远深爱着自己的母校，永远以建平实验为荣的校友们？岁月流逝，笔墨留痕。在这样的时刻，我意识到是时候提炼一下这所学校的办学经验与成果了，是时候理性地反思总结我们所做过的事、走过的路了。学校管理、教师发展、学生发展，有很多珍贵的东西值得我们提炼……建平实验人书写着自己的成长史，也书写着学校的发展史。为了历史、为了未来，这本《发展中的教师校本培训模式——建平实验中学建校以来的探索》就这样带着这所学校的发展轨迹与建平实验人的记忆率先与读者朋友们见面了。

本书以建平实验中学为个案，将这所学校建校以来的校本培训情形完整地展开，通过理性地总结反思，揭示不同背景、不同管理观之下校本培训模式的发展变化过程，提出当前现实背景下校本培训模式的选择与建构策略。本书试图拂去理论界对校本培训趋同化的、理所当然的预设与研究，还原在基层学校真实发生的、原生态的、不断变迁的校本培训，是对校本培训的个性化、纵深化研究。本书提出"绩效管理导向"的校本培训、"专业发展导向"的校本培训、"对话管理导向"的校本培训三个核心概念，并对其进行了深入的实践探索与理论阐释。通过研究，笔者发现校本培训模式不能简单地以好坏优劣来区分，辩证地看，每一种模式都有其优缺点及适用条件，选择哪一种模式取决于当时学校发展水平所处的阶段、组织的状态、教师的文化心理等因素。因此，学校管理者应根据学校不同时期的办学条件及趋势相应地变革校本培训的模式,以平衡组织目标与教师发展的需要,促进两者的可持续发展,努力实现“学校发展与教师的幸福感相统一”的美好愿景。希望本书对致力于新型教师队伍建设、推动学校教育变革、促进基础教育健康发展的学校管理者们能有些许借鉴意义。由于自己的水平有限,可能书中的很多思考还不够透彻,论述也不够严密,实践探索还有待进一步深入,疏漏与不足也在所难免,恳请各位专家、同仁与读者批评指正。

其实,这本书的写作过程也是我工作实践探索不断深入的过程,还是我在华东师范大学攻读硕士学位、博士学位学习的历程。这可以说是一项“学、做、研”合一的行动研究,其中有些基础性研究来源于我的学位论文。研究之前,我查阅了大量的相关文献,研究过程首先用追溯性调查方法,通过调用历史档案、访谈当事人、进行典型案例剖析、开展问卷调查与专家咨询等来进行分析,使诸多材料相互验证,极大地增进了研究的信度与效度。这其中引用了很多同事在一定范围内公开交流过的案例、工作总结、主题发言稿或是其中的片段,为了表达敬意与谢意我都公开了当事人的姓名。还有一些访谈或个别的案例不便于公开当事人的姓名就采用了以字母代替的表达,书中涉及真实的人与事,只是为了理论分析与学术探讨,绝无褒贬之意,如有不妥或冒犯之处还请当事人理解和包涵。

在本书的写作过程中,我得到了恩师、领导、好友、同事和家人的支持、帮助与鼓励。在此,我一并表示深深的感谢。尤其要感谢我的两位恩师,一位是我的硕士导师,华东师范大学葛大汇教授,一位是我的博士导师,华东师范大学杨小微教授。把他们的名字放在一起也特别有趣,名如其人,一个名字大气磅礴,胸藏万汇凭吞吐;一个名字低调谦卑,小微至极转乾坤。两位导师性格迥异,却有着同样严谨的学术品格和深沉的教育思想,他们在我长达八年的华东师范大学读书生涯中,不仅对我本人谆谆教诲,悉心指导,更重要的是走进我的学校,与我和我的同仁们共同探讨教育教学的问题,在我校的校本培训与其他诸多工作中无私地奉献了智慧与心血。

在本书即将出版之际,回望在建平实验中学工作近 20 年的心路历程,往事历历在目,有太多的人让我感激不尽。永远感谢我的“老领导”前三任校长和书记，建平集团、教育局的领导对我的栽培与鼓励。永远珍惜这么多年来与我志同道合、肝胆相照的新老同事，他们有的和我当年一样满头青丝，踌躇满志；有的与我现在一样两鬓飞霜，不忘初心。永远热爱那些用最纯真的情怀深爱着母校和师长的建平实验学子们，他们无论走多远，无论毕业多久，永远是我心中最璀璨的钻石，归来仍旧是建平实验的真善少年。记得在2017年的毕业典礼上，教育党工委书记、教育局局长诸惠华在致辞中说到"我觉得百艳校长简直就是为建平实验而生的"，一句话让我瞬间泪目。的确，我与这所学校有着深深的"不解缘""未了情"，这块沃土对于我这只"南飞雁"而言，是栖居驻留的家园，是我的第二故乡，从此，迁徙的候鸟不再漂泊。诸书记这样说，或许是感觉到了我对这所学校那份独特的爱，感觉到了我对建平实验中学的那颗赤子之心。

陶行知说"千教万教教人求真，千学万学学做真人"，我始终勉励自己：为人师者，不失其赤子之心，方能育真人。当今的教育，我们依然要面临许多的迷局与困境，我们也常常会有许多的纠结和焦虑，然而，教育就是一项永恒的事业。学无止境，教亦无止境，教育可以使人无限地趋于美好。选择了教育，就是选择了要尽心尽力、尽情尽意地去做一个追求"不断臻于至善"的真实的人、真诚的人、真正的人。

教育是一项永远未完成的事业，有关建平实验中学的这本教育之书也是永远未完成的一本书，我们还要继续书写、继续探索。其实，哪怕再厚的一本书，也写不尽学校里鲜活的教育实践，也诉不完教育人恩泽生命的那份美好。因为我们常常心怀感恩，所以才能做到始终如一，所以我们才能永葆激情与活力。学生、教师、学校、教育将永远是我所钟爱的。

别问我爱你有多深，我不知道怎样的语言才能表达我的心。

李百艳

2018年7月于上海浦东

序 一

建平实验中学是一所成长极快也成长得极好的学校，既快且好，便是这所学校的不同凡响之处。一所学校的成长样貌，实际上就是学校教师队伍成长样态的写照，这是因为，决定学校发展的关键因素主要不在于物而是在于人，也就是取决于学校教师队伍的质量与水平。“十年树木，百年树人”，本书作者——现任校长李百艳在书名副题中，特别强调了作为本书主题的教师校本培训模式变迁，是“建校以来的探索”，是四任校长不懈探寻、接力式发展的结果，这表达了对前三任校长的尊重，也体现了对学校发展历史的尊重。

作者从教师专业发展的视角切入，围绕校本培训模式变迁这一主题，有序呈现20年历程的基本脉络和节点事件，加上个案透析和案例研讨的方式，再现了学校教师校本培训从“绩效管理导向”到“专业发展导向”再到“对话管理导向”的演化轨迹，也提出了值得每一位校长及相关管理者思考的问题：在一所学校的办学历程中，不同价值导向的校本培训，需要怎样不同的适用条件？校长如何根据各种办学条件的变化相应地变革校本培训的模式，以平衡学校绩效要求与教师专业发展的需要，促进教师和学校的可持续发展？

本书在回答上述问题的过程中，清晰地阐述了学校发展三个时期教师校本培训模式的三次变迁，不仅揭示和论证了不同时期学校发展状态与培训模式转向的内在关联，还特别申明：“对话管理导向”的校本培训不是否定“绩效管理导向”和“专业发展导向”的校本培训，而是对二者的整合与优化、内化与超越。对话管理导向的培训既强调科学规范，也兼顾人性需求，充分尊重教师的专业自主权，开展多维度的对话，推进基于对话的校本培训。这不仅能提升培训效果、提高教师队伍素质，而且能有效地催生“对话的文化”，进而促进学校文化的转型。

就教师校本培训本身而言，当今时髦的做法是强调“研修”而避免提“培训”，然而作者并不在名称上过多计较，而是着力于对校本培训内涵的深度挖掘并对其方向转换的合理性与必要条件展开分析。本书以大量真实的案例，生动地再现了教师校本培训无数次互动、无数次分享的场景，传递了当事者展开各种“修炼”的艰辛与欢乐，这无疑是来自一线的作者之天然优势，但书中又十分贴切地引入古典管理理论、行为科学等管理学理论，以及组织行为学、学校组织氛围理论、教育专业发展理论等学理元素，自然而然地提升了著作的学术含量。

百艳校长很忙，有时我催促她学业进程的微、短信她都顾不上及时应答，只能随后抽短暂的空闲用语音或电话回复。我十分理解，这种忙是每一位优秀校长的工作常态，作为初中校长更是忙得不可开交。我刚刚应《中小学管理》杂志之邀写了一篇题为《走出“洼地”的定向与突围》的小文章，是从初中教育功能与目标出发，对初中教育如何走出“洼地”、挺直“腰杆”等问题的思考。百艳校长这些年来所做的，不仅是在坚定方向下的成功突围，而且更是办学质量上的大幅度提升和学校文化上的深度熔炼。如是，焉能不忙？

制度可以变迁，人可以流动，只有文化才可以延绵接续。百艳校长将学校及其教师队伍建设的节奏，带入了学校文化发展的“静水深流”时期，在忙碌中显露出自觉，在舒缓中透露出自信，在绽放中彰显出自强。我相信，这就是文化的力量！

杨小微

2018 年 7 月

序　二

这本书里涉及了这么几个概念，经济人、专业发展等等，而后，涉及我们习惯于用什么词语把它们表达出来。

二十多年前，浦东开发正酣，开发要配套，就建了建平实验中学等一批中小学校。这巨额的公共财政要绩效，且20世纪末新公共管理理论高扬，自然就会对教师及其职业跟所有其他行当的一样，思索其人性，法约尔的“经济人”概念就用上了，当然，我们一向会很辩证地说到人性解释的其他学派。这里不再赘述。这样，管辖地方基础教育的政府就会使用“德、识、绩、能”的标准来考核教师。绩，是什么，绩就是绩效。识呢，就是学识、学历。于是乎，启动了“240”“540”（指学时数目）式的大规模教师学识培训，并且几乎所有的学校都把升学率、考分看成是教学质量的主要指标。从历史的视角看，这是很管用的。但是，上面说到了，不管你用什么辩证的、不偏颇的“词语”把它说出来，它总还是经济人假设的核心。潮流过后，教师的心态、想法就变了，教师不是工厂工人啊，同时，数量巨大的学生家长——差不多百分之一百的“独胎”计划生育的公众也开始有所悟了，除了考上大学，阶层保持或变迁，还要当下的让孩子学的快乐啊。如此，一些与绩效相对的政策词语就活泛起来了。我绝不是说教师职业及其管理是可以戏谑的，这确实是时代发展、情景变更，公共教育的政策就会变化，对职业的认识也会变得优雅起来。这是历史的观点。这本书里说，教师职业作为特别强调的“专业”，是指什么呢？涂尔干说，教育是相对已知的人对未来社会成员施加影响，马克思说教育再生产劳动力（第二次生产人），所以创造孩童生命之花的教师的人性，就一定还要有启迪的职业属性，至少是成分。教育学刊物里说的，“教师要蹲下来”“此主体为了彼主体”“要守望学生”“以学导教”等等就是这个意思。这样一来，上海就出台了校本管理的政策用语。因为对生命、灵魂、心智进行浇灌实在是“隐性心理”的专业技能，花儿们的状态实在是太丰富多彩了，还有校情的区别，校长秉性脾气的不同，薄弱校首先要（达标）成功，新办校就要严于起首，等等；绝不能用大呼隆的、千篇一律的规模培训的方法。而校本培训，就是 based 学校嘛。不过专业导向、校本培训，到后来又会因为这本书里写到的“都市人实惠、功利”的社会土壤而打些折扣的。

我说，写书，不仅仅是内容，也是个“习惯于怎么个说法－读法”的事。这本书的优点正在于：不是光顾现在的一套习惯说法，而是用了一所学校的二十来年的事实本身告诉我们上述几个概念间的矛盾。还要发展下去，是有启发的。

葛大汇

2018 年 7 月

目　录

第一章　校本培训与学校发展相伴相生、相辅相成

"教师校本培训模式"的问题，在当下教育界的理论与实践领域并非一个新的、热点的问题，这种教师教育模式 20 世纪 60 年代在欧美等国兴起，在国内也已经走过了二十多年的推广历程。可以说，校本培训的理念早已广泛地深入人心，丰富的实践经验与研究成果不断地涌现出来，已然成为国内教师专业发展的一条主要途径。

纵览笔者所能掌握的百余种校本培训相关的研究成果，其内容或是对国外校本培训模式的概括介绍，或是就"某一个"或"某一阶段"校本培训方案实施的总结，或是对校本培训实施中某些倾向性问题的反思，总之，多是从"横截面"或"块状""点状"的角度对校本培训模式进行研究；而以一所学校为个案，在完整办学历史进程视角之下观照校本培训实施的全过程则是难得一见的。本书就是以建平实验中学为个案，认真梳理总结了自建校以来学校校本培训模式的发展变化，试图拂去理论界对校本培训的趋同化的、理所当然的预设，还原在基层学校真实发生的、原生态的、不断变迁的校本培训，分析影响校本培训管理的教育政策、政治、经济、文化、组织目标、人性等诸多因素，以全程办学的视角对校本培训模式的发展变化进行纵深化研究，为校本培训的理论与实践研究提供佐证。

建平实验中学创建于 1999 年，当时面临着特殊的社会与教育背景，一是浦东新区如火如荼的开发开放的大形势，使得浦东成为当时全国最热的一块土地，吸引了来自五湖四海的教师和学生；二是世纪之交的新课程改革，在上海被称为"二期课改"，基础教育领域的改革空前活跃，也带来了诸多新的挑战。在这样的背景下，学校首任校长深刻意识到对于一所快速崛起的新学校，教师队伍建设的重要性。于是，校本培训自然而然地被提上了日程，尽管当时

在基层学校知道“校本培训”这个概念的人并不多。可以说，建平实验中学的校本培训与学校的创建和发展是相伴相生、相辅相成的。随着学校的发展，建平实验中学的校本培训模式也在随之而变化。一方面，新课程与教师的专业发展互为要求，互相推动，专业发展导向的校本培训始终是一条不断发展的线索；另一方面，应试教育以及绩效工资政策的施行对教师的绩效要求从来没有半点放松，并且随着社会的发展催生了许多新的复杂的任务与矛盾。在这样的背景之下，校本教师培训并非都是理论上的“专业发展导向”，而“绩效管理导向”的校本培训真实地、普遍地存在于学校的管理实践当中，“对话管理导向”的校本培训也在新形势下应运而生，成为一种自然选择的结果。

透过建平实验中学校本培训的个案，值得教育管理者思考的是，在一所学校的办学历程中，“绩效管理导向”的校本培训、“专业发展导向”的校本培训、“对话管理导向”的校本培训，有着怎样不同的适用条件？学校管理者如何根据各种办学条件的变化相应地变革校本培训的模式，以平衡学校绩效要求与教师专业发展的需要，促进教师和学校的可持续发展？希望这个问题的研究对当前的学校教师管理有一定的启发和借鉴意义。

一、教师培训是教师管理的重要手段和内容

教师队伍建设是教育永恒的主题。世纪之交，在推进课程改革、实施素质教育、实现当代教育变革的大背景下，创建一支新型的师资队伍，既是当务之急，亦是长期战略。1998 年底，教育部颁布了《面向 21 世纪教育振兴行动计划》，提出了全面推进教育改革和发展、提高全民族素质和创新能力的宏伟目标。[①] 在教师培养方面，1999 年《中共中央国务院关于深化教育改革全面推进素质教育的决定》中进而提出：建设高质量的教师队伍是全面推进素质教育的基本保证。[②] 2000 年国务院《关于基础教育改革与发展的决定》中提出，

---

① 李军，冯大鸣.1985—2004 年我国教育政策研究状况分析[J].教育发展研究，2006，(5A)：38 - 43.

② 《中共中央、国务院于深化教育改革全面推进素质教育的决定》，1999.

“完善以现有师范院校为主体、其他高等学校共同参与、培养培训相衔接的开放的教师教育体系。加强师范院校的学科建设，鼓励综合性大学和其他非师范类高等学校举办教育学院或开设获得教师资格所需的课程。”从此，教师培训拉开帷幕。教育部 2005 年 1 月 13 日发布《教育部关于进一步加强和改进师德建设的意见》，提到师德对于教师的重要性。2010 年《国家中长期教育改革和发展规划纲要（2010—2020 年）》第十七章明确提出要加强教师队伍建设：建设高素质教师队伍、加强师德建设、提高教师业务水平。2011 年我国颁布了《中小学教师专业标准（试行）》，2011 年还颁布实施了《关于大力加强中小学教师培训工作的意见》，特别强调师资培训要以提高教师师德素养和业务水平为核心，以提升培训质量为主线，以农村教师为重点，开展中小学教师全员培训，全面提高教师素质。2018 年 3 月中共中央、国务院印发了《中共中央国务院关于全面深化新时代教师队伍建设改革的意见》（中发[2018]4 号），旨在全面深化新时代教师队伍建设改革，破解当前亟待解决的突出问题、培养高素质教师队伍。[①] 这一系列的政策文件说明了国家对于教师的重视，也体现了教师在教育中举足轻重的地位。“没有教师教育质量的提高，就没有教师质量的提高，也就谈不上教育质量的提高”，因此“培养教师是建设这个国家中具有重大意义的一项任务”。[②] 具体到每一所学校，也历来视教师队伍的管理与建设为学校管理核心内容，这是因为教师是学校组织的最基本要素，是最重要的教育资源。教师最直接地面对学生，承担最为基础的教育学生的任务。教师素质的高低，教师能否持续发展，决定了学校组织目标的达成与否，也从根本上决定了教育的成败。叶澜教授认为：“教师是教育改革的中坚力量，也是学校教育在实践层面取得成功的命脉所系。”[③]可以说，教师与学校是相互影响、相互锁定的一种唇齿相依的关系。现代教师管理的任务不仅是对教师的

① 《国家中长期教育改革和发展规划纲要（2010—2020 年）》，2010.

② 转引自朱旭东.国外教师教育改革动力分析[J].高等师范教育研究，2000，12(6)：71－75.

③ 叶澜.“新基础教育”论：关于当代中国学校变革的探究与认识[M].北京：教育科学出版社，2006：354.

任用、使用、管辖与考核,更重要的是促进教师的专业发展,不断成长。作为知识劳动者的教师“持续地学与持续地教是其任务之根本。一旦知识劳动者停止学习,那这个人就不要再试图去教什么了”。[①] 因此教师培训必然成为教师管理的主要内容。

二、校本培训的基本概念、内涵与优势

在我国,长期以来,教师在职培训主要是各级教育学院和教师进修学校进行的“补偿式”在职教育。在上海,从 20 世纪 90 年代开始,就由每个区县的教师进修学院组织对普通中小学教师每五年必须一次的进修。对参加职务培训的教师,其进修时间每五年累计应不少于 240 学时,其中,具有中学高级职称的教师,每五年应有 540 学时的进修时间。教师通过进修获得的职务培训结业证书,是学校考核教师,晋升、聘用教师职务的依据之一。中小学新教师的进修成绩,是教师转正、定级的依据之一。应该说,这些由教育业务主管部门负责组织的教师培训在特定时期发挥了特定的作用,对教师队伍建设也起到了非常重要的促进作用。

但随着教育改革尤其是课程改革的深入发展,这种外在于学校、外在于课堂的培训模式的弊端日益显露出来。主要表现为:培训课程与教师的教育教学实践存在着很大的偏差,并不能完全满足中小学教师专业发展的内在需求,培训主体和参训主体的培训动机存在错位现象;不同层级培训内容之间缺少关联;对处于不同专业发展阶段教师的关照缺少针对性;培训方式缺乏创新,培训手段过于传统、老化,脱离并滞后于中小学教育教学的实际,呆板低效,难以激发学员的学习动机和兴趣。加之中小学教师的教学任务繁重,培训带来非常突出的工学矛盾,培训很难惠及全员,无法满足学校和教师发展的需要。种种弊端严重影响着师资培训工作的开展,在这种情况下,人们开始积极探索新的培训模式,于是,校本培训应运而生。

国外的情形也大同小异。校本教师培训最早由英、美等国发起,是基于批

① E·马克·汉. 教育管理与组织行为[M]. 冯大鸣,译. 上海:上海教育出版社,2005:13.

评与反思当时各种教师培训模式而提出的。为了提高教师素质，英、美等国对教师进行了在职培训。培训方式将教师集中到大学或教师培训机构，效果很不理想，而且还经常受到教师协会及其他组织批评。所以他们开始下移培训重心，注重发挥学校在教师培训和专业发展中的作用，逐渐形成了以中小学为培训中心的在职培训模式——校本教师培训。按欧洲教师教育协会 1989 年的界定，校本培训（school-based inservice training）指的是源于学校课程和整体规划的需要，由学校发起组织，旨在满足每个教师工作需求的校内培训活动。①

综合国内诸多学者对校本培训的界定，校本培训模式的几重含义：(1)针对大学或教育学院教师继续教育的弊端和不足，为了提高教师培训的效果所开展的以教师任职学校为培训基地，以本校教师为培训对象的在职培训模式。(2)学校和教师有充分的自主权，是整个培训的主体，负责培训的策划、组织、实施、评价。教育行政部门、业务部门、教师培训机构、大学或教育学院、校外教育专家等与学校是指导与合作的关系。(3)从学校实际出发，与教师的教育教学实践活动紧密相连，解决学校和教师面临的问题，满足学校发展和教师发展的需要，充分体现"为了学校、在学校中、基于学校"的校本意蕴。(4)校本培训模式是一个相对完整的系统，包含理论基础、管理倾向、基本框架、组成要素、运行的多种形式和方式等。

在校本培训的内容方面，英国校本培训倾向于满足教师个人需要，培训内容主要包括：课程领导权及计划能力、教学技能、师生互动能力、教师与家长的交流能力。② 国内学者欧阳宇等认为除了英国，其他国家的校本培训大多还处于个体行为阶段，主要采用的方式是教学反思和行动研究。夏惠贤提出教师的知识由三个部分构成：本体性知识、条件性知识和实践性知识。本体性知识是指学科知识，条件性知识是指教师所需要具有的教育学、心理学知识，实

① Evans, K. School Based Inservice Education[M]. Case Studies and Guidelines for Implemention, 1993.

② 刘红.英国校本培训研究[D].上海：华东师范大学，2004.

践性知识是指教师需要具有的课程情景知识及其相关知识，包括教育信念、自我知识、人际知识、情境知识等等。[①] 姚刚指出，校本培训必须进行教育理论、知识和技能、专业研究能力的发展、师德建设等内容的培训。[②] 李士文进一步细分，认为教师必须具备以下素养和能力：专业理论知识素养、教育教学管理能力、协作能力、研究反思能力、运用现代教育信息技术创设良好教育教学情境的能力。陈必发认为校本培训的内容要适应教师个人教学工作的需要、社会发展的需要和适合改革的需要。概括起来，教师培训的主要任务无外乎两个方面，就是努力增进教师的品德和教学技能，这也是建平实验中学核心价值"建德建业、惟实惟新"提出的一个基本依据。

与上级业务部门组织的教师培训相比，"校本培训"的内容，主要是基于学校、为了学校，在学校中，从学校和教师的实际出发，对具体遇到的问题进行研究和解决，更加能够体现培训的差异性、实用性和针对性。但是我国的校本培训仍存在许多问题，诸如培训内容老旧，培训方式单一，培训时间不科学，学校及教师对校本培训重视度不够，培训不够系统，缺乏有效的培训评价反馈，等等。应该说，非校本培训和校本培训各有其价值，二者是辩证统一、相辅相成的关系，不应该非此即彼，不要轻易偏废哪一种培训。

三、管理理论、教育理论对校本培训的影响

校本培训作为学校管理的重要内容，其管理模式的选择、发展走向、指导原则深受管理理论、学校组织氛围理论与教师专业发展理论的影响。

（一）近现代的管理理论对校本培训的影响

1. 古典管理理论的影响

古典管理理论又称科学管理理论，它包括美国"科学管理之父"泰勒（F. W. Taylor）创立的科学管理学派、法国的亨利·法约尔、德国的马克斯·韦伯

① 欧阳宇，易森林. 校本教师培训：教师专业化的必要途径[J]. 内蒙古师范大学学报（教育科学版），2005，18(10)：42－44.

② 姚刚. 城市中学校本培训存在的问题及其对策[D]. 南京：南京师范大学，2004.

创立的组织管理理论。

泰勒是“经济人”观点的主要代表，甚至把人看成“经济动物”和“会说话的机器”，认为人的活动仅仅出于经济动机。管理者只关心如何提高生产效率，而对员工的心理需要和社会需要则漠不关心。这一学派的其他倡导人也毫无例外地认为“效率原则是衡量任何组织的基础”，重视建立规章制度、经济上的奖惩制度，主张以专业能力和职业成就来选拔和任用人员。①

科学管理理论不仅对中外企业的员工管理产生了深远的影响，也在学校管理中得到了广泛的应用。许多学校对教师实行量化绩效考核，在教师评价、教师培训当中通过建章立制强化组织管理职能，通过奖惩手段，也就是“胡萝卜加大棒”的政策，来保证绩效目标的实现。“绩效管理导向”的校本培训主要以上述理论为依据。

2. 人际关系理论的影响

由于古典管理理论过于强调规章制度和严格管理的必要性，把人当成只注重眼前利益的经济动物，忽视组织中人的作用，忽视人的心理需求和社会需求，到20世纪30年代，作为其对立面的人际关系运动开始抬头。②人际关系理论包括人际关系学派、团队动力学派以及民主、参与管理思想。

人际关系运动的创立人埃尔顿·梅奥等人进行了一个有名的“霍桑实验”，实验证明了金钱并非调动人积极性的唯一动力，人是复杂的社会关系的成员，是“社会人”，员工士气（工作积极性、主动性、协作精神等）的提高，取决于其工作态度以及安全感、归属感等社会、心理方面的欲望是否得到满足。

团体动力学派主要研究个人在团体中的心理行为，强调团体行为对于改变人们行为的重要意义。民主、参与管理思想主张让员工和下级享有一定程

①② 吴志宏．教育行政学[M]．北京：人民教育出版社，2007：38、39．

度的知情权、参与权和决策权，目的是“解放思想，鼓励人们自上而下地发挥主动性。”①

在这一理论的指导下，许多教育学家、心理学家和社会学家对教师进行了分析，结论是，相对于“经济人”，教师更是“社会人”，他们不是孤立地存在，而是要求归属于一个群体、一个组织，希望成为其中的一员，彼此间得到关注和关心。② 绩效奖惩、经济杠杆并不能完全决定教师士气的高低，而教师作为“社会人”的需要的满足则成为教师努力工作、积极创新，主动发展、自我更新的主要动力。

3. 行为科学理论的影响

行为科学是研究人的行为的一门综合性科学，它研究人的行为产生的原因和影响行为的因素，目的在于激发人的积极性、创造性，以顺利实现组织目标。③ “行为科学”这一名称是在 20 世纪 40 年代末、50 年代初提出来的，到了 60 年代演变为组织行为学。主要代表有巴纳德及其社会系统理论，西蒙及其组织决策理论，马斯洛的需要层次理论，赫茨伯格的双因素理论，麦格雷戈的 X 理论、Y 理论、超 Y 理论，威廉・大内的 Z 理论，菲德勒的权变理论，等等。

当代教师管理吸收并体现了马斯洛的五层次需要理论，教师在生理需要、安全需要、归属和爱的需要基本得到满足以后，就会转向较高层次的需要，即尊重和自我实现的需要。作为一个专业工作者的教师，每个人都有自己对专业的理解，对专业发展的追求，都希望获得更多的培训学习的机会，满足自己的“成长性需要”。“专业发展导向”的校本培训主要以上述理论为依据。

但是随着 XYZ 理论的发展，学校开始逐步放弃极端的管理思想和方式，大多数学校根据形势的变化和管理的要求，采取折中的管理方式来管理教师。

4. 对话管理理论的影响

对话管理理论是对科学管理与人本管理的整合发展。科学管理以事或物

---

① 丹尼尔・A・雷恩.管理思想的演变[M]. 孙耀君等，译. 北京：中国社会科学，2004：362.

② 王斌华. 教师评价：绩效管理与专业发展[M]. 上海：上海教育出版社，2005：33.

③ 吴志宏. 教育行政学[M]. 北京：人民教育出版社，2007：43.

为中心，人本管理以人为中心，二者具有各自内在的局限性及其互补性特征。无论是科学管理，还是人本管理都是主客二元思维的产物，前者是一种客体化管理，后者是一种主体性管理，二者都无法超越主客二分的内在局限，所以在发展中都陷入其自身无法克服的困境。对话管理超越主客二元模式，是一种主体间性管理。国内学者安世遨认为对话体现了二者融合关系的内在本质和机制。“对话是生命的特质，有他性的激活，也有我性的坚守，对话在改造中吸纳，在吸纳中改造”，正是通过“我性的坚守”而各自保持自身的优势，通过“他性的激活”来吸纳对方的优势，改造自身的缺陷，这样，通过双方交互的坚守与激活、吸纳与改造，双双保持自身的优势，规避自身的缺陷，步出先前之自我，携手步入新的一体关系之中，从而实现新质的生成。这既是过程，又是顺乎自然的结果，是过程与结果的同一。对话正是科学管理与人本管理交融的过程与结果的共时共态的同一，这样产生的新形态的管理相应也就应称之为对话管理。①

在对话管理中，科学管理和人本管理不再是对立的两极，科学管理成为对话管理的基础机制，人本管理的精神成为对话管理的价值导向。对话管理实现了管理中科学与人文的全面的、完整的、和谐的、发展的统一。对话管理的最终目的就是要在科学与人文的相互协调和补充中促进人和组织在物质与精神两方面的均衡、和谐发展，并在此基础上追求人自身的自由、解放、全面发展与完善。

对话管理作为一种主体间性管理，为教师管理、教师校本培训的管理开拓了全新的理论视野，特别是对解决绩效工资施行以来“能够量化与难以量化”“学校的绩效目标与教师专业发展需求”之间的矛盾等各种问题提供了思考路径。

（二）学校组织氛围理论对校本培训的影响

学校组织氛围，也称学校文化氛围，是学校校长、教师、学生共有的信念与价值观，体现学校所推崇的特定传统、习惯及行为方式的精神格调。学校

① 安世遨.对话管理：超越科学管理与人本管理的新范式[J].贵州大学学报，2009，9:32.

组织氛围虽然是无形的，对于学校成员的精神境界、气质风格的形成却具有十分重要的作用。学校组织氛围与学校管理，教师队伍建设相互影响、交互为用。不同的氛围会呈现出不同的管理方式、不同的领导风格、不同的校长行为、不同的教师行为、不同的教师关系；反之，不同的管理方式、不同的领导风格、不同的校长行为、不同的教师行为、不同的教师关系，也会形成不同的氛围。

国内学者赵中建和杨全印对学校氛围类型的研究成果作了如下综述：

(1) 开放——控制型学校氛围

(2) 健康——病态型学校氛围

(3) 发展性压力——控制性压力氛围

(4) 监管型——人本主义型压力氛围

(5) 权威型——民主型学校氛围

“开放——控制型学校氛围”是哈尔平和克罗夫(Halpin & Croft)对学校氛围做的开创性的研究。他们指出，参观过几个学校的人马上就会感觉到各个学校之间的不同。在有些学校中，教师和校长充满热情，在工作中处处表现出自信。他们在互动合作中得到乐趣，并感染学生；在另外一些学校中，教师们显然孕育着不满，校长缺乏领导能力，力图用他的权威来掩盖自己的不称职；在第三类学校中，没有欢乐也没有绝望的气氛，但充满着空洞的仪式，整个学校以一种奇怪的方式，给人一种“不真实”感。上述各个学校之间的差异正是他们研究学校氛围的主要推动力。在此，他们将各个学校中可以将彼此区分开来的这一系列内在特征，称为学校的组织氛围，也即，在他们看来，学校氛围把一所学校与另一所学校区别开来，并影响着学校中人们的行为。①

他们将校长行为特征与教师行为特征联系起来加以研究，按照从开放到封闭的顺序，可以确立六种不同的学校氛围：开放的、自主的、控制的、放任自流的、家长式的、封闭的。见下表。

① 赵中建主编. 学校文化[M]. 上海：华东师范大学出版社，2004：345、347.

表1:学校氛围与校长、教师行为特征关系表①

行为特征	学校氛围类型					
	开放型	自主型	控制型	放任自流型	家长型	封闭型
障碍	低	低	高	低	低	高
亲密	中	高	低	高	低	中
敷衍了事	低	低	低	高	高	高
精神状态	高	高	高	中	低	低
注重工作	低	低	高	低	高	高
冷淡	低	高	高	低	低	高
体贴关心	高	中	低	高	高	低
推进力	高	中	中	中	中	低

良好的组织氛围是建设优秀教师团队的关键,建设优秀的团队关键在于通过校本管理、校本培训加强教师之间的专业对话、沟通、协调与合作的氛围,促进教师的专业发展。Andy Hargreaves 的新专业主义和同伴互动主张,强调教师专业发展的同伴互动和合作文化。②可见,组织氛围与教师专业发展是相辅相成的。

(三) 教师专业发展理论对校本培训的影响

1966年,联合国教科文组织与国际劳工组织在《关于教师地位的建议》中提出:应当把教师职业作为专门职业来看待。进入20世纪80年代,教师专业发展日趋成为人们关注的焦点和当代教育改革的主题之一。在我国,1994年开始实施的《教师法》规定:"教师是履行教育教学职责的专业人员",这是第一次从法律的角度确认了教师的专业地位。教师是一种专门职业,人们希望教师通过专业发展提升自身素质,从而为学生提供高素质的教学,进而促进学生的发展。③教师专业化、教师专业发展逐渐成为世界教师教育的发展趋势。

---

①② 赵中建主编. 学校文化[M]. 上海:华东师范大学出版社,2004:347、39.

③ 卢乃桂,操太圣主编. 中国教师的专业发展与变迁[M]. 北京:教育科学出版社,2009:5.

教师专业发展的过程经历了两个发展阶段:“组织发展阶段”和“专业发展阶段”。在组织发展阶段出现了谋求整个专业社会地位提升的工会主义取向(trade unionism)和强调教师入职的高标准的专业主义取向(professionalism)。① 在专业发展阶段,出现了教师专业发展的三种取向:理智取向的教师专业发展(intellectual perspectives of teacher professional development)、“实践—反思”取向的教师专业发展(practical-reflective perspectives of teacher professional development)和生态取向的教师专业发展(ecological perspectives of teacher professional development)。②

在赞同理智取向的学者看来,教师欲进行有效的教学,最重要的,一是自己拥有“内容”(知识、技能、价值观等),二是有知识和技能帮助学生获得这些“内容”——这也就是教学专业最为基本的两类知识:“学科知识”(content knowledge)、“教育知识”(pedagogical knowledge)。因而,这种取向的教师专业发展就是向专家学习某一学科的学科知识和教育知识。

“实践—反思”取向的教师专业发展主要的目的并不在于外在的、技术性知识的获取,而是在于通过这种或那种形式的“反思”,促使教师对于自己、自己的专业活动直至相关的物、事有更为深入的“理解”(understanding),发现其中的“意义”(meaning),以促成所谓“反思性实践”(reflective practice)为追求。

生态取向的教师专业发展采取更为宏观的视角,主张努力构建一种合作的教师文化,更为关心的是专业发展的方式和途径。

教师专业的特殊性主要表现在教师专业有着很强的实践性,教师的专业发展主要在具体真实的教学实践情景中实现,如同“在游泳中学游泳”一样,教师也要在教学中学教学。教师的工作岗位主要在中小学的课堂上,教师专业发展的需要也是在学校进行和产生的,中小学校应该也必须成为教师专业化进程中的重要基地,并发挥应该有的作用。③ 校本培训作为教师专业发展的主要途径,已经成为世界教师专业发展的主流模式。

---

①②③ 教育部示范教育司编. 教师专业化的理论与实践[M]. 北京:人民教育出版社,2003:23-25、27-31、308.

上述理论直接或间接地对校本培训产生影响，导致在不同的社会背景、不同的学校发展阶段、不同的组织氛围特征、不同的教师文化心理之下，校本培训模式呈现出不同的管理倾向，对教师和学校发展发挥着不同的作用。

四、社会、教育与学校发展的时期性变迁对校本培训的影响

时代在不断发生变化，教育也在不断更迭换代。不同的社会发展时期，总会给教育带来不一样的契机与挑战，随之，学校也会发生变化，进而影响到与学校息息相关的方方面面。那么社会与学校发展的“时期”性变迁是如何影响到教师培训与发展的呢？

（一）社会教育需求的时期性变迁对校本培训的影响

从整个社会氛围来讲，我国自提出经济领域“效率优先，兼顾公平”的原则之后，在教育领域也奉行这个原则。20 世纪 50 年代开始的重点中小学制度和 90 年代示范中学的评比就是一个例证。教育的诉求突出表现为对效率的追逐，家长对子女教育的思想观念受制于社会经济发展水平，表现为不够先进，不够开放，普遍认为素质教育不过是一句口号，他们默认甚至推动学校以考分量化考核为主的教师管理，以保证其子女“不输在起跑线上”。21 世纪，我国经济迅速发展，经济、文化、教育等各方面都在不断向前进步，整个社会的教育背景由“应试教育”转向“素质教育”，课程改革也在不断深入，当前的新课改则更多地体现了如何引导学生“自我实现”的原则。社会教育需求不再仅仅满足于成绩和分数，转而开始关注孩子素质的发展和兴趣的培养，在教育政策指引下，学校很多方面发生了变化，如教育理念的转变，教学技术的革新，管理制度的完善，教学方法的改进，教育评价方式的转换，课程内容的改革，等等。大部分家长都开始注意呵护孩子的心灵，一旦老师在教育中有些非理性、过激行为，他们的维权意识都很强。家长对学校的诉求最终都会在教师那里得以体现，这也是推动教师培训发展的一股不可忽视的力量。进入新时代，十九大报告提出教育要“落实立德树人根本任务，发展素质教育，推进教育公平，培养德智体美全面发展的社会主义建设者和接班人，努力让每个孩子都能享有公平而有质量的教育”。对教育公平的需求，成为社会需求的主流。

然而理想与现实之间总是存在着差距。不能否认的是今天的教育面临的社会环境与需求越来越复杂，因教育而产生的社会焦虑普遍存在，在相当一部分教师、学生、家长当中，受社会风气、传统“功名观”、狭隘质量观的影响，一味地求高分，追名校，只管眼前，不顾未来的现象普遍存在；一些校长和老师新课程意识淡薄，作为国家课程有机补充的校本课程的定位与特点均不够清晰，课程结构不够完整，不够均衡，课程的门类不够丰富，不能够满足学生兴趣个性发展的需要。教育教学中依然存在一定程度的不尊重学生主体地位、不能与学生平等对话的现象，传统的“我讲—你听”的传授式教学方式屡见不鲜，“超前学、超量学、反复学”，题海战术现象依然存在，不能充分地满足学生健康发展的需要。①

新的历史背景下，随着社会教育需求的越来越复杂，越来越多元，对教师各方面能力提出了更高的要求，也对单一的教师培训提出了挑战，对校本培训提出了更高的期待。

（二）国家课程政策的时期性变迁对校本培训的影响

在诸多的外部因素中，对师资队伍建设影响最大的还是国家的课程改革政策。陈彩燕在《基础教育课程改革的回顾和思考》一文中对课程改革进行了时期性变迁的划分，1986—1992 年，是基础教育课程改革的深化时期，自 20 世纪 80 年代中期以后，我国中小学的课程改革开始向深度和广度进发。1986 年，我国《义务教育法》正式颁布。改革以实施九年制义务教育为核心，实现了课程理念、课程结构体系、课程管理上的重大突破，并第一次将以往的“教学计划”改为“课程计划”；1994—1997 年，是适应性的课程调整时期；1998 年至今，是全面推进素质教育的新一轮基础教育课程改革时期。（注：虽然大多数学者将 2001 年作为新一轮基础课程改革的起点，但实际上，此次课程改革在 1998 年便开始孕育，为突出改革整个过程与前因后果，作者故作这样的时间段划

---

① 李百艳.实施上海市中小学学业质量绿色指标（试行）的实践探索[J].上海教育科研，2018，(8)：71 - 72.

分)[①]黄忠敬则以1977年为起点，从课程的权利主体来审视，把我国基础教育课程政策的发展历史划分为三个阶段："国家"模式阶段(1977—1985)，"国家＋地方"模式阶段(1985—1999)，"国家＋地方＋学校"模式阶段(20世纪末至今)。总体来看，课程改革的深化，带来的显著变化就是权力不断地由国家向地方向学校下放，是一个不断给"教育松绑"扩大学校自主权的过程。[②]

课程改革对学校文化和教师文化产生很大影响。学者们普遍认为教师作为课程的实施者，是新课改的最根本的支撑，课程改革的推进依赖于教师教育理念的更新，教学方式行为的转变，新的课程意识的树立。没有学校文化和教师文化的更新和转型，课程改革也就无法推进。杨小微在《理解当代学校文化生成的多重视角》一文中以当代中小学校转型变革的实践探索为背景，以新基础教育的推进为蓝本，他提出了学校文化变革中"软""硬"转化，"时""空"交叠，"显""隐"相生的生成机理。他指出，组织、制度等"硬要素"与文化、素质等"软要素"之间存在相互转化的关系，"软要素"生成于"硬要素"的变革之中，而"硬要素"需要"软要素"的滋养。作为"时"的历史文化传统及其当代阐述与当下发展的物理与精神空间融为一体，使学校成为文化的传承与创新力量。[③] 程红兵认为教师的文化自觉决定课堂教学的成功，决定课改的成功，教师应该以文化自觉成就"有文化"的课堂。[④] 课程改革最初的出发点都是为了学生，而教师作为知识与学生之间的桥梁，教师会成为最终的改革落脚点，因而不同的课程建设背后都对教师有着不一样的要求，进而要求学校依据时代的大背景进行"因材施教"的校本培训，以生成独特的教师文化与学校文化，文化一旦生成，又会滋养、反哺打造文化的人。

(三) 一所学校发展的时期性变迁对校本培训的影响

每一所学校就如同一个人一样，在不断成长，会经历不同的发展时期。任

---

① 陈彩燕.基础教育课程改革的回顾与思考[J].广东教育学院学报，2005，(8)：76－77.

② 黄忠敬.我国基础教育课程政策：历史、特点与趋势[J].课程·教材·教法，2003，(1)：23－24.

③ 杨小微.理解当代学校文化生成的多重视角[J].教育科学研究，2009，(7)：5－10.

④ 程红兵.以教师的文化自觉成就"有文化"的课堂[J].中小学管理，2012，(9)：10－13.

何一所学校都有自己的初创期、发展期，也会经历相对的上升期、鼎盛期、转折期，甚至衰落期，再度崛起期，等等。不同的时期面临不同的问题，有来自外部的不确定性的干扰，有来自内部管理的问题，有来自学校领导者更迭带来的不适应性以及许多难以预计的问题，使学校发展遭遇危机，或迎来新的契机与转机。

就内部而言，学校领导、师资结构等都会处于动态变化之中，生源的数量与质量也会处于变化之中，学校在学区、整个区域内的地位也在不断变化之中；就外部而言，整个社会不同时期的价值追求，政治经济文化的不同发展阶段，教育主管部门政策的调整与新政的出台，甚至教育局主管行政官员的变化也会影响学校的发展，区域内不同性质学校的布局结构的变化，教师管理政策的变化等都会影响学校的教师管理。不同的发展阶段、不同的办学条件、不同的历史文化、不同的学校文化氛围、不同的现实任务、不同的发展态势之下，教师的管理思想与方略也会随之调整。

笔者作为个案学校建平实验中学的校长与党支部书记，从 1999 年建校之初就在该校任教，迄今为止已经走过了 17 年的历程(中间一年半的时间在另外一所中学任党支部书记)，从语文教师、班主任、语文教研组长、政教主任、教导主任、教师发展中心主任，到分管教学、科研、教师专业发展工作的校长助理、副校长，再到校长兼党支部书记，可以说几乎亲历了学校校本教师培训的全过程，亲自参与并组织了校本培训工作。工作中，笔者深切地感受到国内绝大多数学校在实际的教育教学中，一方面，“素质教育搞得轰轰烈烈”，而另一方面，“应试教育搞得扎扎实实”，中考的绩效目标依然是影响学校工作的首要因素。理论上的促进教师专业发展的校本培训，在特殊的国情、特别的校情面前，常常扮演着“不一样”的角色，呈现出“不一样”的面貌，发挥着“不一样”的作用。

有的校本培训仅仅是为了敷衍上级行政、业务部门的任务而组织，是“为了培训而培训”，走走过场，流于形式，浅尝辄止，是有名无实的培训。有的校本培训确实是缘于学校的问题，但是，这些问题主要是实现应试绩效目标的问题，是“扎扎实实地提高教学质量”的培训，管理规范、培训有效，但却忽视了教师的专业发展，这是“分数为重”的“绩效管理导向”的校本培训。有的校本培训着眼于教师的专业发展，在学校的日常实践中，立足当下，着眼未来，通过丰富多样的培训形式，引导教师研究教学问题，创生实践智慧，提升教师的专业素质，但“以人为本”的“专业发展导向”的校本培训会削弱学校行政管理的执行力，造成教师个人需求与组织目标的间离。

作为培训的主要设计者、组织者、管理者、评价者，笔者发现了校本培训过于强调“绩效管理导向”或过于强调“专业发展导向”都会引发诸多问题。笔者一直在分析这些问题及相关因素，反思两种倾向的培训模式的成败，试图找到一种理想的校本培训模式，在教师的专业发展需要和学校的绩效目标之间找到最佳的契合点，促进教师和学校的共同成长，于是“对话管理导向”的校本培训渐露端倪。

笔者认真梳理学校的发展历史，并结合自己的亲身经历，将建平实验中学的发展大致分为三个时期，而每个时期学校发展阶段不同，学校的发展任务不同，教师的个人需求亦不相同，校本培训导向也各有千秋，具体如下：

1. 初创期(1999—2003，第一任校长在任)：“绩效管理导向”的校本培训

在这个时期，作为一所公办初中，这所学校从创办之日起就定位于“办一所让人民群众满意的一流窗口学校”，口号就是“学校争一流，中考创佳绩”。当时无论从政策、经济、社会需求等方面，都使得这所学校天然被赋予一种使命：要努力创建一流窗口学校，提升建平实验中学品牌的含金量。为了完成这一使命，证明自己“身出名门”的身份，向上级主管部门和集团学校交上一份满意答卷，学校的各项管理，包括教师培训都带有很强的绩效管理的导向，都直截了当地指向了“中考创佳绩”这一主要目标。而师资队伍建设成了当时重中之重的问题：一是教师队伍的总数呈逐年递增之势。二是每一年都有大批新毕业的大学生入职，教师队伍过于年轻化。三是外地引进教师所占比例偏高。四是上海郊县调入的教师所占比例偏高，市区调入教师比例偏低。五是高级教师比例偏低。基于学校当时办学过程中所面临的迫切问题，满足学校发展的现实需要，建平实验中学首任校长勇于开拓，办学目标明确，行政执行力强，加之曾经任建平实验中学校办公司经理的企业管理经验，使得建平实验中学

的管理理念、管理行为带着鲜明的“绩效管理导向”的烙印，学校自然地实践了“绩效管理导向”的校本培训。

“绩效管理导向”的培训是指在培训中贯穿以结果为定向的思路，从而保证培训投入的高回报。绩效技术就是这样一种着眼于绩效改进的策略方法，它是指用来解决人的绩效问题或实现绩效改进的各种过程和工具。笔者在本书中探讨的“绩效管理导向”的校本培训是建立在对学校需要充分关注的前提下，通过解决教师教学中影响学生学业成绩的问题，提高教师的教学水平，从而提高教学质量，完成学校绩效目标的教师在职在岗培训。主要特点有：带有明显“重业绩”的倾向，培训内容多与学业考试密切相关，培训形式多为集中训练，培训管理偏重于行政化、半军事化，对培训对象的个体差异和心理体验考虑较少。需要指出的是这一阶段的培训有明显的绩效管理倾向，但是很多内容也非常有助于开阔教师的专业视野，提升教师的专业素养。

2. 发展期(2004—2014，第二任校长、第三任校长在任)：“专业发展导向”的校本培训

走过了初创期，学校开始注重教育内涵的发展，教师培训也向“专业发展导向”转变。浦东教育内涵项目于 2004 年 9 月正式启动，标志着浦东教育由原来的以数量扩张为特征开始向均衡、内涵发展为特征转变。建平实验中学当时申请的项目名称是“新基础教育”推广性实验，是当时申请成功的为数不多的学校之一。2004 年上海市教育委员会出台了《“上海市普教系统名校长名师培养工程”的实施意见》，指出实施此项工程的目的是“为加大本市骨干校长和教师的培养力度，造就一批有良好的师德修养、先进的教育理念、厚实的专业素养、开阔的国际视野、教改研究与教育创新能力和国际交往能力的骨干校长和教师队伍，推动上海基础教育的发展，率先实现基础教育现代化”。这是教育行政部门促进教师专业发展的一个重大举措。2005 年上海市基础教育工作会议宣布了“上海市普教系统名校长名师工程”正式启动。2006 年 2 月，“名师工程”开始组建不同学科的名师基地班，基地班以该学科的领军人物(均为特级教师)命名。一时间形成了培养名师的氛围。随着社会的改变，社会需求的改变，学校的基础、实际、任务、氛围的改变，领导风格的改变，教师文

化心理的改变，“绩效管理导向”的不适应性日益显露出来。教师专业成长的需要得不到满足，教师的专业水平与新型教师的要求存在着很大差距，无法满足学生成长发展的需要，教师的职业倦怠也在一定程度上显现。学校第二任校长与管理团队逐步推行人性化管理，尊重教师，注意倾听和满足教师的愿望，校本培训的模式也相应地转变为“专业发展导向”，培训目标指向教师的专业发展。通过与大学合作，在专家的指导下创建学习型组织，开展经常化、联系性的研修活动，提升教师的专业素养。经过几年的实践，学校进一步夯实了“优质学校”的办学目标，社会认可度很高，各项工作稳步推进。第三任校长传承了“专业发展导向”的校本培训模式，在原有的思路与框架下开展校本培训工作，但是在2009年新的绩效工资方案实行之后，出现很多新的倾向性问题，使得教师的专业发展需求与组织目标之间发生了间离。

3. 新时期(2015年至今，第四任校长在任)："对话管理导向”的校本培训

新的时期，建平实验中学办学的内部环境与外部条件都发生了深刻的变化。作为当初应浦东开发开放之大运势而生的宠儿一般的、充分享受改革红利的一所学校，逐步回归到一所普通的公办初中的常态化办学，周边快速发展的民办学校对建平实验中学形成C形包围之势。几年的绩效工资政策的实行，某种程度上消解了教师的工作热情与教育情怀。教师的专业发展状况也出现了分化，一方面很大一部分人，尤其是中年教师满足于现状，缺少发展动力，专业水平呈现出停滞甚至衰退的趋势；另一方面，少部分人一心扑在自己专业发展上，与学校的组织目标渐行渐远；还有少部分的新教师不能很快地融入学校文化，表现出诸多的不适应性。以往两种培训模式所隐含的弊端逐步显露出来，作为管理者如何结合学校当下的组织氛围，总结学校发展的历史经验与教训，顺应社会经济文化的发展，与时俱进，积极探索，改进校本教师培训模式已经成了当务之急。

在总结学校发展经验、推动学校各项新任务的同时，学校管理者通过召开各个层次各种各样的座谈会倾听老师们的意见、建议，与老师们进行对话，拓展对话的维度、逐步扩大对话的范围，不但形成了共识，解决了问题，创生了新质，还凝聚了人心。对话管理逐步在学校各个领域、各个层面推行开来，对话

管理导向的校本培训模式也自然形成，甚至对学校的整体管理起到了先导与引领的作用。

对话管理导向的校本培训不是否定“绩效管理导向”的校本培训和“专业发展导向”的校本培训，而是对二者的整合与优化。对话管理既强调科学规范的管理，也兼顾人性的本质需求，充分尊重教师的专业自主权，开展多维度的对话，展开基于对话的校本培训，以期更好地提升培训的效果，提高教师队伍的素质，促进学校的文化转型。如果说绩效管理是对话管理的躯干，那么专业发展就是对话管理的灵魂，“对话管理导向”的校本培训不是“绩效管理导向”“专业发展导向”两种培训模式的科学机械组合，而是对二者的内化与超越。它的最终目的，就是要促进学校组织目标与教师的个体需求的均衡、和谐发展，创造教育的美好境界。

第二章　学校初创期“绩效管理导向”校本培训的实践

一、建平实验中学的建校定位及师资、生源背景

(一)“学校争一流,中考创佳绩”的建校定位

建平实验中学创建于1999年,是一所公办初中。学校目前有三个校区,84个教学班,3400名左右的学生,教职员工260多人,专任教师240多人。是上海市义务教育阶段规模较大的一所学校。这所学校从创办之日起就定位于“办一所让人民群众满意的一流窗口学校”,学校之所以有这样的定位,是与当时的浦东新区开发开放的大背景分不开的。

【档案1】

建平实验中学“出身名门”

(说明:这是2000年8月浦东新区社会发展局对成立建平中学集团学校的批复,这份政府文件是在鼓励名校输出教育品牌的背景下下达的)

上海建平中学(集团)学校:

为适应浦东开发开放的需要,建设有中国特色、符合新区特点、面向21世纪的教育体系、管理体制和运作机制,全面提高教育质量和办学效益,建平中学集团学校三年来进行了有益的探索。现就下一步实验的有关问题批复如下:

一、集团学校是在浦东新区范围内,以建平中学为核心、公立学校为主体、多种办学模式并存的实施多层次多类型教育的指导协调机构。

二、集团所属各学校资金、资产相对独立。校长可由集团学校提名,按干部管理权限考核任命,集团学校聘任,是本单位的法人代表。集团学校与所属

各学校应签定相应协议，以规范各自行为，保障各自权利与义务。集团学校应适当控制规模，以内涵发展为主，今后凡有新单位介入集团学校时，集团学校应及时向社发局报告。

三、集团学校校长由建平中学校长兼任。校领导班子由各所学校推荐协商组成，并报社发局备案。其他干部任免、教师招聘、聘用及流动，按人事管理有关规定办理。

四、集团学校的内部机构由校领导班子集体讨论决定。

……

以上批复意见，只适用于建平中学（集团）学校。希望上海建平中学（集团）学校能充分发挥建平中学名牌学校的示范作用，实现优质教育资源的互补和共享，扩大建平中学管理模式的辐射效应，为浦东新区的教育改革作出新的贡献。

中共上海市浦东新区社会发展局委员会办公室

上海市浦东新区社会发展局办公室

2000年8月22日

（此项档案材料来自建平中学办公室）

【档案2】

建平中学(集团)输出“管理思想”让更多学生享受优良教育

（说明：这份档案是2002年新华网对建平中学集团化办学成果的报道，反映出建平实验中学的办学背景）

新华网上海5月9日电（记者张学全、杨金志）　渴望子女进名牌中学，是每位家长的共有心愿，而优质教育资源目前却远远不能满足需求。上海建平中学用办教育集团的方式，将先进的“管理思想”不断“克隆”到集团学校，率先在我国实现了优质教育资源快速扩张，让更多学生尽快享受到了优良教育。

建平中学1993年时只是一所高级中学，在校学生2200余人。他们用办教育集团的方式，以办学思想为无形资产，向外输出包括师资管理、教学质量管理、教学过程管理等在内的“管理思想”，今天已发展成为拥有9所联办学校的教育集团。

（以上档案材料来自 http://www.sina.com.cn 2002年5月9日新华网）

通过档案1和档案2，可以了解到建平实验中学的创建背景与较高建校定位的原因。20世纪末的上海浦东可以说是中国最热的一块土地，作为一个开发区，每年都有大量的人口导入，而浦东新区原有的教育资源无论从数量还是质量上都无法满足社会的需求，特别是优质教育资源的缺乏，更是一个比较突出的矛盾。于是，教育产业化运作、教育品牌的输出应运而生。建平实验中学地处出口加工区，学校虽然是一所公建配套学校，但是由于使用了“建平中学”的品牌，又地处人口集中导入区，当时的浦东新区社会事业发展局对学校也有一份“特别”的期待，所以，无论从政策、经济、社会需求等方面，都使得这所学校天然被赋予一种使命：要努力创建一流窗口学校，提升建平中学品牌的含金量。为了完成这一使命，证明自己“身出名门”的身份，向上级主管部门和集团学校交上一份满意答卷，学校各个方面的工作要求都比较高，急于在最显而易见的考评当中证明自己的与众不同。而在各项办学指标中，中考成绩是最能说明问题的。因此，学校的各项管理，包括教师培训都带有很强的绩效管理的导向，都直截了当地指向了“中考创佳绩”这一主要目标。

（二）作为一所新建学校师资队伍的结构组成

一流的学校需要一流的师资队伍，一流的师资队伍也是衡量一所优质学校的主要指标。一流的师资队伍不是一蹴而就的，需要在特定的环境中去培养、历练，磨合、发展。建平实验中学作为一所新建的学校，由于“建平中学”优质教育的品牌效应，由于集团学校输出了校长及个别的中层干部，在开办之初就赢得了一些家长的信任，学校在短短的五年内走过了一个迅速发展壮大的历程，这一历程同时也是师资队伍不断纳新、不断融合、不断重组的历程。

建平实验中学作为一所新建学校的师资结构有这样几个特点：

一是教师队伍的总数呈逐年递增之势。这是随着生源的增加而带来的变化。每一年学校都有新加盟的教师,新教师的特点是有激情,想表现,干劲足。但是不足的是“新”教师的融入、磨合需要一个过程,这给学校教师队伍的管理与培训带来较大的困难。

二是每一年都有大批新毕业的大学生入职,教师队伍年轻化。2003 年建平实验中学教师平均年龄 30 岁。这批大学生是学校的生力军,但是也是师资队伍结构中的弱项,如何使这批教师尽快胜任教学工作,缩短成长期是学校教师培训迫切的任务。

三是外地引进教师所占比例偏高。这与浦东新区的人才引进政策有关,建平实验中学的初创期恰逢浦东新区大批引进外省市教师,因此,这所学校的教师来自五湖四海。他们带着不同的地域文化、不同的教育理念、不同的工作经历、不同的工作习惯,来到一所学校,在多元文化的碰撞与融合中共处共事。

四是上海郊县调入的教师所占比例偏高,市区调入的教师比例偏低。建平实验中学地处出口加工区,在上海人的传统观念中,这里远离市区,交通不便,相对偏僻,因此市区的教师除非特别的因素,一般不愿意来这里工作。只是相对于崇明、奉贤、南汇等郊县的教师有一定的吸引力。

五是高级教师比例偏低。仅有的几位高级教师基本上都是在外省市聘任的,并未在上海重新认定。一方面在上海市能够评到高级职称的教师不大愿意调动,另一方面,调入的教师有些虽然具备评高级教师的资历,由于到学校是“初来乍到”,还在努力适应新环境,适应新的工作,自身的专业发展尚未提上日程。

综上所述,这样一支师资队伍相对于学校的办学目标而言,是劣势大于优势的。学校想要实现“学校争一流,中考创佳绩”的目标,必须要加强师资队伍的建设。与此同时,上海市的“二期课改”已经启动。2000 年,建平实验中学作为首批课改基地,率先投入实验。学校的教育教学面临极大的挑战。在这样特定的背景下,建平实验中学迫切地需要加强教师校本培训,努力解决如下几个问题。

一是如何在短时间内尽快地建立起教学的各种常规,使每一位“新”教师尽快地了解,并在教学中去履行这些常规,顺畅有效地开展工作,适应并融入学校工作。二是如何让每一位教师尽快成为驾驭教学、迎战中考的行家里手，不断提高教学质量，向学校、社会交出一份满意答卷。三是深入理解"二期课改"的理念，并且在自己的教学中扎扎实实地实践，把课程改革落到实处。最终把来自五湖四海的不同年龄层次、不同知识结构、不同专业经历的教师组成一个有着共同愿景的、带着建平实验中学共同标记的教师团队。基于上述背景，建平实验中学"绩效管理导向"的校本培训应运而生。

(三) 浦东新区开发开放背景下的实际生源状况

由于建平实验中学是一所公建配套学校，因此生源主要以社区就近为主。学校所处的社区居民区，有二分之一的动迁户，有二分之一的中低档商品房，生源的家庭背景主要以普通工人家庭、一般职员为主，家长文化程度和社会地位处于中下阶层。在生源素质上，学校并无优势。学校为了生存发展，在阶段性特殊政策的许可下招收了一批"择校生"，这批"择校生"一部分来自本区其他社区，一部分来自本市外区，主要是奉贤、南汇等偏远地区，还有一部分直接由外省市转入。他们选择建平实验中学的原因大致有几个方面：一是开发区的自然人口导入。建平实验中学地处浦东新区的某出口加工区，每年都会有大量生源导入，其中有来此地投资的大大小小的企业员工子女，还有一部分是因为房地产开发购买了地段内或地段附近房产的业主的子女，这些学生来源比较复杂。二是慕名而来。名校建平中学的品牌效应对家长的选择起到了一定的影响作用。另外学校的首任校长曾经有在集团学校另外一所学校的办学经历，管理上以"雷厉风行、敢为人先"著称，曾将一所普通的"地段学校"办成比较有名气的学校，有些家长也是慕校长之名而来。三是为寄宿而来。在义务教育阶段的公办学校中，几乎没有寄宿学校。而建平实验中学的校长颇具经营管理的意识，通过贷款等渠道购买了学校对面的两幢公寓楼，改造为学生宿舍。这就满足了许多忙于工作或其他各种各样的原因而无暇照顾孩子的家长的需求。有些家长甚至选择学校的第一个条件是"全托"，以便有精力去忙自己的事情。

在这样的背景之下，建平实验中学的生源呈现出来源复杂、程度参差不齐，且有迅速增长的态势。

表 2:建平实验中学在校学生、班级数统计表

	学生总数	班级数
1999 年 9 月	466	10
2000 年 9 月	1627	42
2001 年 9 月	2916	62
2002 年 9 月	4045	85
2003 年 9 月	4171	90

从表 2 可以看出,建平实验中学在建校的短时期内,在校学生人数呈现出激增的势头,一跃而成为上海市规模较大的学校。面对着来自五湖四海、结构复杂的师资队伍和程度参差不齐的庞大生源,建平实验中学的管理重心自然落到了"狠抓教师队伍建设"上面来,校本教师培训也自然成了最主要的"抓手"。学校通过这个抓手,努力提高教师的教学能力,提高教学质量,以期给已经选择的家长一个满意的教育,并吸引更多更好的学生来这里就读,使学校进入良性发展的快车道。因此,这一时期的校本培训带有明显的"绩效管理"的倾向。

(四) 上海市"二期课改实验基地"带来的挑战

上海市"二期课改"于 1998 年拉开序幕,建平实验中学于 2000 年被上海市教委命名为"二期课改"实验基地学校,是浦东新区四所初级中学"二期课改"实验基地学校中最年轻的一所学校。一所崭新的学校,一支刚刚组建的年轻的师资队伍,一个没有任何经验可以借鉴的实验项目……在这样的背景下,全校全面使用"二期课改"试验教材。学校在实验项目推动与教学质量方面遇到的挑战是可想而知的。

面对课改、面对新的课程标准与新教材,几乎所有的教师都站在同一个起跑线上,都变成了新教师,都面临着同样的压力。为了使教师尽快地领会"二期课改"的教育理念,在最短的时间内熟悉和掌握各科新教材的编写意图,熟悉教学内容和教学方法,更好地胜任教学工作,保证教学质量,建平实验中学的校本培训采取了全员化、行政推动、绩效管理与教学质量监控相结合等策略。

二、“绩效管理导向”校本培训的探索

（一）培训主题：体现“创建一流学校”的绩效目标

建平实验中学校本教师培训始于 2000 年暑假，当时学校建校仅有一年的办学历程。通过一年的办学实践，建平实验中学的校长和整个管理团队深刻地意识到教师队伍建设是迫在眉睫的任务，是决定学校下一步稳步发展的至关重要的条件。学校领导班子审时度势，针对生源猛增，新引进教师增多的现状，决定开展以校为本的教师培训。在 2000 年 7 月 31 日至 8 月 7 日为期 8 天的时间里开展以“弘扬建平特色，创建一流学校”为主题的培训活动。集中培训之后，在日常教学中通过多种教学监控措施，延续培训，巩固集中培训的成果。这种培训模式一经启动，就得以延续和传承下来，并随着学校发展和教师发展的需要不断调整、改进、创新。

【访谈 1】

首任校长谈校本培训的初衷

（说明：在 2011 年 9 月笔者与建平实验中学的首任校长，9 年前已经调离，创建尚德实验学校、尚德教育投资公司的董事长的姜晓勇校长进行了一次访谈，主要是讨论学校建校初期开展校本培训的目标以及管理的特色）

笔者：作为建平实验中学的首任校长，您在创办建平实验中学的过程中一向重视师资队伍建设，还记得 2000 年我刚调入这所学校就参加了如火如荼的暑期培训，您能谈一谈当时条件下如此领先地开展校本培训是基于怎样的思考吗？

姜校长：现在我们把当时开展的培训称为校本培训，其实，在当时，人们对“校本培训”的概念是非常陌生的，据我所知，当时有很多校长基本上没有听到过这个概念，也几乎很少有学校开展校本培训，即便搞一些教师队伍建设方面的活动也只是一些零散的、自发的行为。

笔者：的确如此！我是 7 月 30 日从北方乘火车来上海，一下火车就到学

校报到的，接下来就参加了培训，仿佛是参加了一个“半军事化”管理的夏令营，紧张而又充实，思想观念上受到强烈的冲击。我记得培训的主题是“弘扬建平中学特色，创建一流学校”，您当初确定这样一个培训主题有哪些深层的思考？

姜校长：这个主题可以说是我个人、也是集团学校的一个办学追求。我在做建平实验中学的校长期间，一直讲的一句话就是“要把学校办成人民群众心目中满意的学校，办成浦东新区、上海市的一流窗口学校”，要实现这个目标，就必须有与之匹配的教师队伍，这支队伍必须要有先进的理念和高度的责任心。高目标带来高动力，我心底的期望就是老师们能明白，这不是一所普通的学校，要创建一流学校，需要每一个老师为之努力。“弘扬建平特色”的提法主要是为了鼓舞教师的士气，让老师有一种荣誉感，也有一个努力的方向。现在回想起来，仍然觉得当时办学的压力非常大，为了招来更多更好的学生，我们自筹资金（主要是借款）上千万买下了学生宿舍，我们决定搞教师培训，也是形势所迫，想通过这样一种形式把来自四面八方的“散沙”一样的教师组成一个团队，打造成一支富有战斗力的队伍。也可以说是管理的一种手段吧。

在访谈1中，姜校长谈到了这种“自发式”的校本培训的由来，可以看出，建平实验中学的校本培训开展的原因并非出于上级行政或业务主管部门的要求，主要是针对学校当时办学过程中所面临的迫切问题，满足学校发展的需要。该校的校本培训体现出起步早、学校自发自主、紧紧围绕办学目标、校长意志突出、管理到位等特点。尤其是在一所学校建校的起步阶段，起到了打造共同愿景、塑造共同价值观、营造规范管理的组织氛围的作用，可以说是学校深层需要的显性表达。

（二）培训形式与内容：为实现绩效目标而进行的岗位练兵

1. 暑期半军事化“集中训练营”

自从2000年组织了第一次集中的校本教师培训之后，在每年暑假当中、开学前夕组织为期一周左右的校本培训，就成了建平实验中学的一个传统，一项制度。

【档案 3】

类似于军训的培训

（说明：档案 3 是建平实验中学 2000 年首届教师培训日程安排表）

表 3：上海市建平实验中学暑假教师培训日程安排表

培训时间：2000 年 7 月 31 日至 8 月 7 日

日期	时间	内容	主讲人（或负责人）	地点
7/31	上午 9:00—11:00	报告《建平实验中学办学方案和对教师素质的要求》	校长	阶梯教室
	下午 1:00—3:00	如何缩短青年教师的“成熟期”	某重点中学特级教师	阶梯教室
	下午 3:30—5:00	分组讨论：怎样缩短自己的“成熟期”，尽快适应学校的教育教学	各学科教研组召集人	各讨论地点
8/1	上午 9:00—11:00	上海第二期课程教材改革对教师的要求	市教委教研室教研员	阶梯教室
	下午 1:00—4:00	讨论：①熟悉掌握建平实验中学学校规章制度、教师规范 ②谈谈对“二期课改”的认识（各小组认真讨论，作好记录）	各学科教研组召集人	各讨论地点
8/2	上午 9:00—11:00	各学科培训（请导师负责分析学科教材结构、教师基本功要求）	各学科教研员	同上
	下午 1:00—4:00	教师就本学科教材教学等向教研员请教、质疑、交流		
8/3	上午 9:00—11:00	学科集体备课，新教师模拟教学	各学科教研组长	同上
	下午 1:00—4:00	说课	各学科教研组长	

（续表）

日期	时间	内容	主讲人（或负责人）	地点
8/4	上午9:00—11:00	青年教师要以邓小平理论武装自己	教师进修学院某特级教师	阶梯教室
	下午1:00—4:00	电脑操作基本功练习	电教组组长	电脑房
8/5	上午9:00—下午4:00	新教师模拟教学（初选）	各学科教研组长	各讨论地点
8/6	上午9:00—11:00	语言艺术报告	市委党校某教授	阶梯教室
	下午1:00—4:00	无悔的选择——班主任工作的经验介绍	某初中特级教师	阶梯教室
8/7	上午8:30—11:00	① 新教师模拟教学（决赛） ② 新教师演讲赛	教导处	阶梯教室
	下午1:00—4:00	① 培训成果汇报 ② 校长总结		

备注：一、培训期间严格考勤，不迟到，不早退；培训结束每位教师写一篇“培训心得”（500字以上）。

二、8月9日全体教职工上午9:00上班，在阶梯教室集中，由学校宣布人事安排，发放结构工资（在财务室）。

（以上档案材料来自建平实验中学档案室）

档案3是建平实验中学首次暑期集中培训的日程安排，透过这份日常安排表，该校校本培训的内容和形式一目了然。

（1）校长报告：办学思想深入人心

集中培训的第一项活动就是校长报告。校长报告的主题是“建平实验中学办学方案和对教师素质的要求”，报告的题目由两部分组成，一部分是建平实验中学办学方案的阐述，另一部分是对教师素质的要求，从结构上来看二者似乎是并列的关系，究其实质，二者之间又是因果关系，学校的办学定位、发展方向是原因，是目标，有了这样的原因和目标，就会产生一个结果，就会需要一些条件。因此，必然会对教师素质提出新的要求。报告的目的，主要是使教师明白自己在这一方案实施过程中的职责和使命之所在，使学校的办学主张、校长的办学思想被每一个教师所了解。

【档案 4】

梦想与压力并存

（说明：本档案根据建平实验中学 2000 年暑期教师培训会议记录整理）

今天上午听了校长的报告，我的心中就像有一团火在燃烧，我真的很庆幸我来到了一所不平凡的学校。校长说：“要把学校办成人民群众心目中满意的学校，办成浦东新区、上海市的一流窗口学校。”学校的定位如此之高，是我的骄傲，是我的梦想。我想能够在这样一所追求卓越的学校安身立命，绝非一件容易的事情。虽然还没正式开学，我已经感受到了前所未有的压力，为了学校的荣誉，为了自己的梦想，我愿意化压力为动力，在接下来的培训中认认真真参加活动，完成每一项任务，努力提高自身素质，做好自己的工作，不辜负校长、家长对我的期望。

（以上档案材料来自建平实验中学档案室）

档案 4 反映了教师参加培训，听了校长的报告之后的真实感受。通过校本培训，通过报告和讨论的形式，校长成功地把自己的办学主张，传递到了教师们的心中。虽然教师们对“一流”内涵的理解未必非常清晰，但是，他们已经意识到工作即将面临的挑战，已经不由自主地把学校的办学目标跟自己挂起钩来，培训的成效已经有所显现。

（2）学习规范：约束各种随意行为

一所开发区热土上的新学校，一群来自五湖四海的“新”教师，建平实验中学俨然成了浦东新区开发开放的一个缩影。不同经历的人们在这里相遇、共处，不同代际的教师在这里接纳、排斥，不同地域的文化在这里交汇、冲突，不同的教育理念在这里交流、撞击，不同的教育行为在这里互动、相扰……在管理者的眼中，每个人似乎只是人事关系上的“建平实验人”，还不是真正意义上的对学校价值观深度认同、能够表现出“建平实验中学行为特质”的真正的“建平实验人”。这一时期，建平实验中学的教师管理面临着很大的挑战，每一个教师既可能是一种宝贵的教学资源，有着无限的创造潜能，也可能会因为各种各样的无意识的随意行为成为学校管理的一个漏洞，影响教学质量的提高。混沌理论的观点认为：尽管能够经常识别大量的行为模式，但即便是一个变量的微小变化都有可能蕴藏着难以预测的巨大负效应，这些变化随后就会演变为对整个系统的重大冲击，即所谓“北美洲上的一只蝴蝶轻轻扇动一下翅膀，就有可能在遥远的非洲大陆的某地掀起一场风暴”。① 在当时，建平实验中学的教师管理重点在于教师行为的规范化、标准化，以避免随意行为带来的不良反应。

【访谈 2】

家长不投诉是底线

（说明：在 2011 年 4 月笔者对建平实验中学的语文教研组长曹老师进行了访谈，主要是讨论学校建校初期教研组建设的重点）

笔者：曹老师您好，现在我校的语文组已经被评为浦东新区优秀教研组，在上海市也有一定的知名度，作为教研组长，也是学校的“元老级”的教师，请您谈谈在教研组建设方面的经验。

曹老师：谈起经验，不谦虚地说，我们是可以总结出一些比较“上台面”的经验，有些做法您也知道，并且给了我们很多建议和指导。但是，今天因为我们都是自己人，说点心里话，我最想说的一个经验也是最难对外启齿的经验是我们建校之初语文组的一个非常低的建设目标——家长不投诉是底线。

笔者：呵呵，这个似乎不应该是优秀教研组的标准，具体说说看。

曹老师：还记得我一调入这个学校，当时的副校长就找我谈话叫我做教研组长。我考虑自己有过在其他学校做教研组长的经验，这也不是一件多难的事情，当时也便欣然接受了。

笔者：这个过程我知道一些，那时我做德育主任。后来呢？

曹老师：后来我发现我对这个工作估计严重不足。我们语文组简直就是

---

① 郭景杨. 现代学校管理变革[M]. 香港：香港银河出版社，2003：19.

一个小"联合国"。30几个人,来自10几个省市,广西的顾老师,新疆的孙老师,山东的霍老师,安徽的朱老师,江苏的刘老师,吉林的赵老师,黑龙江的王老师,天津的杨老师,河南的王老师……还有六七个新毕业的大学生。每个人似乎都很有自己的一套,但是,就是很难跟学校的要求、思路合拍。我最痛苦的是,有一段时间,张副校长经常找我说某某老师被家长投诉,各种各样的原因都有。比如,作文批改的问题,还有生字写几遍的问题,还有师生关系不够融洽的问题……总之,我们组被投诉比较多。我一接到反馈,就要调查情况,写情况说明,还要协助校长找当事人谈话,这是最痛苦的环节。被投诉的老师很难意识到自己的问题,因此也就很难改正。

笔者:这和当时我找个别班主任谈话的感觉是一样的。后来,情况都得到了改善,你认为这其中哪些办法最有效?

曹老师:当时,我们把家长经常投诉的问题做了梳理,结合学校提出的制定学科教学要求,我们对教师提出了底线原则,就是教学首先要规范,然后再创新,家长不投诉是底线。有了这些规范,通过暑期教师培训中的学习讨论,就这样慢慢地规范了教师的行为,为后来的发展奠定了基础。

从访谈2可以看出,建平实验中学的管理团队在一年的办学实践中,深深感受到随意的教学行为对于拥有专业自主权并独立开展工作的教师来说是一个极大的隐患,于是着手建章立制,制定各种规范和制度。《建平实验中学教职工须知》《建平实验中学教师岗位职责》《建平实验中学班主任工作条例》《建平实验中学教学工作规范》《建平实验中学学科教学要求》等文件在办学初期的几年当中陆续出台。在学科教学要求中对备课规范、上课规范、作业规范、测评规范、辅导规范等均作了具体清晰的要求。这些规章制度的出炉,是完完全全从工作追求、工作实际出发,并随着学校的发展、形势的变化不断更新与完善的,是中层干部带领骨干教师一次一次研讨、修订的结果。规范的学习是在集中培训时由教研组长、年级组长或主管副校长、各主管部门的负责人以报告的形式呈现,并辅之以教师反思的案例、教师讨论。生动的培训形式使枯燥的条文变得有血有肉,鲜活生动,逐渐成为教师们的行动指南。教师们经乎耳,入乎心,出乎言行,做到了知之,认之,行之,使自己的各项工作规范而踏实，与学校的整体步伐保持一致，为日常的教学工作提供了质量保证。由于这些规范是管理层和教师共同制定的，是从学校的教学生活中“长出来的”，不是从外部移植过来的，老师认为自己应该这样做，管理干部率先垂范，层层传递，靠着强大的执行力，形成了良好的工作氛围。

(3) 专家讲座：间接为实现绩效目标“充电”

每一年的暑期培训，建平实验中学都精心安排一些学者专家的讲座。受邀而来的专家以上海的名师居多，也有教育行政部门和业务主管部门的领导、教研员、大学教授等。专家讲座具有一定的前瞻性、针对性。大部分报告是站在教育内部直接关注教育的具体问题，主题有关于学校发展的，有关于“二期课改”的，有关于班主任工作的，有关于新教师成长的，有关于心理学研究的。也有一部分报告是站在教育外部更广阔的视野来间接关注教育的相关因素的，主题有关于政治思想修养的，有关于人生信念的……这些讲座有一定的专业导向性，在一定程度上解决了教师的困惑，为教师充电，指明前行的方向。档案3《上海市建平实验中学暑假教师培训日程安排》中的专家讲座是某特级教师主讲的《如何缩短青年教师的“成熟期”》，而之后的分组讨论的主题是：怎样缩短自己的“成熟期”，尽快适应学校的教育教学。从中可以看出，讲座非常有针对性，间接地促进了教师快速地融入学校，有效地实现了绩效目标。

(4) 模拟教学：青年教师教学胜任力快速提升

一流的学校需要一流的教师，然而对于一所新学校的新教师而言，距离一流教师的水准无疑存在很大差距。以富勒(Fuller · F)为代表的教师发展“关注”阶段理论认为，在职教师专业发展有关注生存、关注教学情景、关注学生三个阶段。关注生存阶段，指的是初任教师阶段。这一阶段的教师非常关注自己的生存适应性，面临的压力主要来自于外界。关注自己是否被学生喜欢、如何掌控课堂、他人对自己的评价如何以及领导对自己工作的评价等。他们渴望尽快掌握基本的教学技能，以求站稳教学岗位，显现出一种生存的愿望。[①] 建平实验

---

① 魏铁英. 教师专业发展的校本培训研究与探索[D]. 硕士学位论文. 山东：山东师范大学，2007.

中学针对这一阶段教师的特点在集中培训中组织了模拟教学的训练。所谓“模拟教学”，即所有的新教师在进入正式的课堂之前，在教研组内面对教师同侪模拟上课，听课的教师既配合扮演学生的角色，也同时承担同行、专家的角色。模拟教学完成之后，听课教师根据自己的观察现场点评，现场指导，执教的新教师对自己的教学进行反思调整，然后才能进教室面对学生上课。

【档案5】

钢铁是这样炼成的

（说明：此项档案材料摘自建平实验中学2000年暑期杨老师培训日志）

初为人师，心中未免有许多紧张。对于在学生面前可能遇到的挑战，我做了许许多多的设想。但是，完全出乎意料的是，有一种紧张，远远超乎我的想象。校领导担心我们这样的“新手上路”会出现意外的状况，所以，在暑期培训中每天都要对我们做模拟教学的训练。在那么多的老师面前去上课，比在学生面前上课的压力不知要大多少倍。真怕露怯、怕丢丑啊。但是，不经过这番锻炼学校对我们怎么能放心得下呢？一个一个过堂，一场一场点评，一轮一轮比赛，我竟然在最终的说课决赛中获得了一等奖！在领奖的那一刻，我突然意识到即便我今天没有获奖，所有的付出都是值得的，因为整个过程能坚持下来，我们就已经胜利了。

建平实验中学真是一个大熔炉，经过一番淬炼的我们仿佛一块新鲜出炉的钢铁，终于炼成了！我完全有信心到我的教室里、课堂上去纵横驰骋，带兵打仗了。

（以上档案材料来自建平实验中学档案室）

从档案5可以看出来，这种模拟教学类似于军事演习一样，通过紧张、规范的训练，使一个没有作战经验的新兵在短时间内成为一个真正的战士，提升了新教师的教学胜任力，使每一个人能够站稳讲台、守住阵地，稳固教学质量长城的防线，为绩效目标的最终实现消除了薄弱环节。

通过上述档案材料、访谈记录的分析，可以看出，建平实验中学的暑期集中培训具有针对学校需要、目标明确、内容充实、活动密集、日程紧凑、管理严格、执行到位、提升教师能力的特点，可以说是学校开展的一次全员性的岗位练兵。培训效果突出，从不同的层面、不同的角度为学校办学目标的实现提供保证。

2. 日常教学质量监控

除暑期集中的教师培训之外，建平实验中学在日常的管理中也非常重视教师管理与教师培训。日常的培训与暑期培训相比，更为关注教师教学质量的提升，通过多种形式的校本研修，对教师进行质量监控。

(1) 导师团诊断教学：专家话语权“为我所用”

建平实验中学在建校初期成立了导师团，对教师的日常教学进行指导。导师团的成员主要由市级教研员和区级教研员组成。每一门中考学科都配备一位导师，每月定期到学校听课指导。导师团的导师除个别深入教学一线，深入教师课堂之外，还会组织大型的集中的教学诊断，所有的导师在同一时间来到学校，对教师进行普遍的督导式的听课。听课之后就教学现状、教师教学素养、学科教学存在的问题，向全校教师和校长进行反馈。

【访谈 3】

导师团的“另一个作用”

(说明：在 2011 年 4 月笔者对建平实验中学已经退休的副校长谭淑云老师进行了访谈，主要是讨论学校建校初期导师团的作用)

笔者：谭老师您好，在学校建校之初，我们学校聘请了一些校外专家，成立了导师团，您是这项工作的具体负责人，请您谈一谈，导师团在当时究竟发挥了哪些作用？

谭老师：这要先从成立导师团的初衷说起。这个举措，主要是姜校长的想法，针对学校师资队伍参差不齐的状况提出来的。最主要的目的就是要加强对教师的培养，打造一支合格的、优秀的师资队伍。因此，导师团的工作主要是指导教师的教学，带教、听课、评课、帮助开发校本教材等。这些活动对提高教师的素质的确发挥了一定的作用。

笔者：看来，“导”的作用还是发挥得比较充分的。可以说，初衷是实现了。除此之外，还有其他的作用吗？

谭老师：有的，另外一个作用，就是帮助学校进行教师管理，对我们的工作起到了帮衬和推动的作用。

笔者：这倒是很有意思的，您具体说说看。

谭老师：你知道，过去建平实验中学的管理是以“严”著称的，无论是干部管老师，还是老师管学生，都是很严格的。这当然和姜校长的风格有关，但是导师团的作用也不可低估。比如说，每一次的教学诊断，专家的反馈意见会给老师们带来很大的压力。专家们表达的意见可以说一方面是站在他自己的立场，但同时也兼顾了学校的立场，说白了，也就是为学校说话，为校长说话，为管理者说话。

笔者：这一点我有很深的感受，因为专家的话比较有权威性，当时的老师们，当然，包括我在内，都基本上是俯首帖耳的，甚至有一种畏惧感，针对专家指出的问题，想办法去改进自己的教学。

谭老师：所以，我感觉有些我们要说的话，经由专家之口说出来，效果会更好一些。

从访谈3可以看出来，导师团诊断教学也成为学校行政管理、实现绩效目标的一个重要举措。拥有专业话语权的专家们的表达特点是“软中带硬”，容易使教师信服；而拥有行政管理权的学校管理者要想实现对作为专业工作者教师的有效管理，也必须要采取“硬中带软”的方式，需要在合宜的组织氛围下展开管理。

建平实验中学通过导师团的权威话语权“为我所用”，借专家之口，说出管理者不便于说的话，用专家的权威来压服教师，营造了一种“上明下顺”的组织氛围，有效地推进了绩效管理。

（2）分层质量分析会：以分数论英雄

“教学质量是学校的生命线”，这是教育界的共识，也是教育界的无奈。尽管教学质量的内涵是非常丰富的，但是，在学校每一个人的心中，都知道这个质量的真实含义。某种程度上，学校从上到下已经把质量的内涵窄化狭义地理解为学业成绩（考试分数）。为了守住这条生命线，建平实验中学在日常的校本研修中花了大力气来组织质量分析会，培养教师的质量意识和质量分析的能力，对教学质量进行监控。其核心是以中考的一分（平均分）两率（合格率、优秀率）为目标，在阶段性的历次考试中通过判断每位教师教学成绩的优劣来敦促教师更加积极地投入到教学中来，以促进教学质量的不断提高。[①] 每一次期中、期末考试后，组织不同层面的质量分析。经过几年的实践，质量分析会已经成为建平实验中学的一项校本研修制度。第一层是教导处组织的以年级组为单位的质量分析会。第一个环节是由年级组长对全年级各个学科、各个班级的考试情况作总体评价。第二个环节是由各备课组长代表各备课组从学科角度针对试卷情况、学生考试情况以及下一步采取的相应措施进行分析交流。第三个环节是由考试成绩优异者交流经验，或考试成绩退步者反思原因。最后，学校领导总结点评。第二层是备课组质量分析会。备课组结合学校的意见和区域层面其他学校的考试成绩作分析。第三层是由各班主任召集自己班的任课老师开会。针对每个学生作分析，制定具体的帮教措施。

每次的质量分析都会留下许多资料，或文字，或数据，或图表。

【档案 6】

好用的质量监控工具

（说明：此项档案材料是建平实验中学进行教学质量监控的常用工具）

表 4：建平实验中学教学质量监控成绩动态分析表

班级	2005—2006 年度				2006—2007 年度				2007—2008 年度				2008—2009 年度			
	一期末		二期末		一期末		二期末		一期末		二期末		一期末		二期末	
	均分	名次	均分	名次	均分	名次	均分	名次	均分	名次	均分	名次	均分	名次	均分	名次
1																
2																
3																

① 李百艳．从质量监控走向质量自觉[J]．基础教育，2009，(6)：47.

（续表）

班级	2005—2006 年度				2006—2007 年度				2007—2008 年度				2008—2009 年度			
	一期末		二期末		一期末		二期末		一期末		二期末		一期末		二期末	
	均分	名次	均分	名次	均分	名次	均分	名次	均分	名次	均分	名次	均分	名次	均分	名次
4																
5																
6																
7																
8																
9																
10																
11																
12																
13																
14																
15																
16																

（以上档案材料来自建平实验中学档案室）

从表格 4 可以看出建平实验中学对教学质量的监控是从纵横两个方面进行分析的。从纵向来看，一个年级的 16 个班，每次考试成绩学科平均分排名一目了然。从横向来看，一个班级的一个学科在四年中的动态变化也是非常清晰的。这是建平实验中学在质量分析时使用的主要工具之一。除此之外，年级组长、备课组长、班主任、任课教师等都会根据学校的要求作出相应的数据分析。由于这些质量监控工具的使用，"以分数论英雄"自然而然地成为建平实验中学教师评价的价值取向，校领导和老师们常说的一句调侃的话"在建平实验中学工作没有分数是绝对不行的，只有分数也是绝对不够的"，道出了这一现实。

（3）教学评比："教而优则仕"的用人之道

为了提高教师的专业素养，焕发教师的活力，激发教师的竞争意识，培养选拔一些教学能力强的教师到中层岗位，建平实验中学在建校之初，经常举行各种主题的教学评比活动。颇有代表性的有青年教师说课比赛，新调入教师演讲比赛，“建平实验杯”课堂教学大赛。

青年教师说课比赛侧重培养教学设计能力，课堂教学组织与调控能力，改善教师的教态、语言、板书等基本素养，同时也强调现代信息科技与课程的整合。青年教师将此视为对教师基本功的一次考核和提高，而老教师以此为契机，在指导、把关等方面热情相助，把它作为一次互相交流、学习提高的极好机会。每一次比赛都会给人以惊喜；每一次比赛中体现出来的教学方法、教学手段上的创新总会令人耳目一新。

一年一度的“建平实验杯”课堂教学大赛是建平实验中学校本研修的一场“重头戏”，尽管是校级比赛，但老师们重视程度之高、比赛结果影响之深远，已经赋予了它非凡的意义。有很多在区级、市级，乃至国家级教学比赛中曾获殊荣的教师都要参加这一校级比赛。一方面，学校的理念是“曾经的辉煌都属于过去，就是获得过金牌也要回炉重新再炼，要重新打上建平实验中学的烙印”。另一方面，对教师而言，这是赢得学校赏识、同事认可的好机会。

【档案 7】

出人意外的谈话

（说明：此项档案材料摘自笔者的《我的教育叙事》，记述了笔者的工作经历）

期中考试后的一天下午，我被通知到校长室。走向校长室的路上，心中很是忐忑，甚至猜测是不是什么事情没做好，有家长投诉。无论如何，还是硬着头皮走进去了。出乎意料的是，平时一贯严肃的姜校长和张副校长，见了我，都笑容可掬地请我坐下来。姜校长似乎看出了我心里的忐忑，他单刀直入地说：“李老师，不要紧张，这次找你来主要是想跟你谈谈让你接替于老师做政教主任的事情。”听了他的话，我不由得“啊”了一声，我相信我当时的表情一定是一脸的错愕。“这太突然了”，我说，“我怎么能够胜任呢？在我们要求这么高的学校，能做一个合格的班主任已经很难了，我从来没做过中层干部，你们想到我，这实在是太意外了”。张副校长说：“你觉得意外，其实我们觉得一点都不意外,因为我们一直都在观察我们班主任、教研组长等这些骨干教师,我们发现你的班级在每次学生行规三项评比中都是名列前茅,考试成绩也在前几名,上一次教学大赛你给我们和专家都留下了深刻的印象,你的教学能力很不错,做管理一定也不错。所以,我们相信你有这个能力做好这项工作,没有经验可以慢慢来,边做边学,我们也是这样过来的。"我心里愈发忐忑了,"或许有其他的老师比我更合适,两位校长再考虑考虑。"我说道。"不用考虑了,学校正是用人之际,你要做的是很快进入角色,相信你一定能做好。"姜校长用带有命令和鼓舞的话语敲定了这件事。

从档案 7 可以看出,建平实验中学非常注重教师的教学质量和教学大赛中的表现,甚至作为提拔干部的主要参考依据。回顾笔者本人的这段经历以及观察其他大部分干部提拔的经历,"教而优则仕"已经成为建平实验中学一个不成文的规定,建校初期的许多干部都是这样在大熔炉里冶炼、陶造出来的。

建平实验中学建校初期的教师培训以及衍生而来的校本研修内容,除上述之外,还有师徒带教、组织教师外出学习等形式。各种各样的培训内容和形式对提升教师队伍的整体水平、提高学校的教学质量起到了很大的推动作用,相对于同时期的其他学校而言,表现出难能可贵的校本意识。诚如学者余文森所言:"任何一所学校都是具体的、独特的、不可替代的,它所具有的复杂性是其他学校的经验所不能完全说明的,也是理论所不能充分验证的、诠释的。所以,学校发展只能是在学校中进行的,它不能靠简单移植,靠取经,而是要靠学校的自我觉醒、自我努力、自我提升。"①建平实验中学在特定条件下的"自我实现"的一系列探索,对于一所"定位不一般"的新建校来说,取得的成就也是非常"不一般"的,其中不乏一些促进教师专业发展的做法和经验,但是,透过对档案、访谈等材料的分析,不难看出,这一阶段的培训内容和形式是学校绩效管理的多维度立体呈现。

① 余文森,吴刚平,刘良华主编. 探索以校为本的教学研究[M]. 上海:华东师范大学出版社,2005:4.

（三）培训管理：学校行政意志的集中体现

建平实验中学基于学校发展的迫切需要而组织的教师培训与一些为了应付上级要求、随潮流而动的校本培训相比，表现出“针对现实、内容充实、过程扎实、效果真实”的特点，其目标达成度很高，这主要得益于强有力的行政化管理。

【访谈 4】

“元老”级教师集体访谈节选一

（说明：在 2011 年 4 月笔者组织了一次小型会议，对 2000 年之前调入建平实验中学的 8 位“元老”级教师进行了集体访谈，主要是了解他们对学校建校以来不同阶段校本培训的真实体验，以下为访谈内容节选一）

笔者：各位下午好。今天召集几位聚到一起，是要就学校建校以来的校本教师培训进行一次集体访谈。大家先看看今天请来的各位在身份上有什么共同特点？

L 老师：呵呵，可能是因为我们都老了吧？

W 老师：不对，我才 34，还算不上老吧。

笔者：呵呵，不管你们老不老，我今天请的可都是我们建平实验中学的“老”教师，也就是老资格的教师。现在知道你们的共同特点了吧？你们都是最早进入学校的一批老师，可以说是全程经历了学校的教师培训，所以，你们谈体验和感受是最有发言权的。

W 老师：哎，你这么一说，我倒发现了，我们可都是“三朝元老”了，哈哈。

笔者：可以这么说吧。那我们就进入主题，先请各位谈谈对建校初期、基本上也就是姜校长在任的一段时期的校本培训给各位留下了哪些最深刻的印象？请大家畅所欲言，不要有任何顾虑，没有其他目的，尤其不是评价三位校长的功过。

Z 老师：给我印象最深的是暑期集中培训。说真的，感觉就像电影里看到的当年的革命志士、革命青年到延安一样，觉得特别有激情，对学校的未来充满了信心，也愿意为了一份理想而不断地改变自己，而且唯恐自己跟不上学校前进的步伐。

P老师：给我印象最深的是姜校长，他的个人魅力很足，特别有感染力、影响力。他一方面不断给我们描绘学校的光明前景，一方面又严格地要求我们做好每一件小事，他把他自己的价值观不断地渗透给我们。其实，不只是我们最普通的教师，我发现从副校长、中层干部到教研组长、备课组长在开展工作的时候，几乎都是言必称"校长"，所以，我们虽然很少直接接触校长，但却感觉校长仿佛是无处不在的。

H老师：是的，我也有同感。那个时期，任何一个干部仿佛都是一个很大的官，我总在想，他们怎么就那么认真负责呢？后来，我似乎渐渐明白了，一方面是校长的管理风格比较严厉，特别有权威感；另一方面，可能大家都是新调来的，都想好好表现，有一个好开端，有一个好未来。

X老师：我接着H老师的话补充两点，我刚进来的时候和你的想法一样，也很纳闷这里的大大小小的干部怎么就那么认真负责呢？后来我觉得是姜校长抓住了几个骨干，他们头带得好，慢慢地大家都相互影响，自然而然地就形成了这种氛围、这种风气。还有一点，是我后来做了年级组长才知道的，那时候，学校还是很注重多劳多得的，学校收了那么多的赞助费，有一部分是用来发红包的，工作成效好，红包也会厚一点嘛。

笔者：呵呵，讲到实际问题上来了。非常好！你们几位不仅谈了感受，还有理性的分析，很有价值，给了我很多启发。大家尽管像他们几位这样谈自己的真实感受，不必有任何顾虑，本次访谈只做客观的研究，目的是对培训这件"事"的分析，不是对"人"的评价，若有涉及，也是为了更清楚地认识培训这件"事"。

S老师：你们几位说的我也有同感，但我还有一些不同的感受。那时候我对学校是特别有信心的，但对自己是特别没有信心的。因为学校各级领导在大会小会、各种场合总是强调对教师的高要求，我总觉得自己离合格教师还有很大差距，所以总是很紧张、很焦虑，深怕哪一天自己会被淘汰出局。特别是我们组有一个老师刚调进来，由于适应不了培训的高强度、快节奏，暑期培训都没有坚持下来就当了逃兵。这给我的内心带来很大的冲击，经常担心我会不会成为第二个逃兵或者是掉队的。一开质量分析会更紧张，曾经一度我患上了传说中的职业倦怠，有点捱日子的感觉。

P老师：我要问一个问题，你们是否还记得，我们每一年暑期培训的最后一个环节是什么？

众人：（同声）领钱！

P老师：其实第一次培训，我们很多老师看到培训日程的最后写道："宣布人事安排，发结构工资"（具体见档案3：8月9日全体教职工上午9:00上班，在阶梯教室集中，由学校宣布人事安排，发放结构工资），都感觉压力很大。大家都说，要好好表现，否则就没有理想的岗位，也没有钱可拿了。所以，这也是大家拼命表现的一个原因吧。不过，等真正领到钱了，我累得连去消费的力气都没有了，只想回家睡觉。那时候，真觉得自己是一部工作机器。

笔者：是的，那是一段充实而紧张的岁月。关于建校初期，我们先谈到这里。

透过访谈4，我们可以了解到建平实验中学的部分教师对校本培训的真实体验。从访谈对象表述的内容来看，建平实验中学的校本培训集中体现了学校管理者的行政意志，是一种自上而下的垂直的行政化领导。校长是培训的第一责任人，更是培训的灵魂。培训的发起源于校长对学校发展远景的构想和对近期目标的把握，反映出校长对教育的使命感与对学校强烈的责任感，培训的组织表现出校长崇尚挑战、克服困难的创业精神，培训的内容和形式更多的是原创而非简单复制，更表现出校长的领导艺术。可以说，建平实验中学的校长真正地将理论上的校长在校本培训中的作用落到了实处，其领导力在校本培训中得到了充分表现。真正做到了"校长是策划者、组织者、引领者，必须从宏观角度把握校本培训的航向，也必须充分把握好自己的角色定位，让自己的专业能力、人格魅力带动每位教师主动参与校本培训，将知识和理念内化为自己的行动。"①建平实验中学的校长如同一支部队的最高指挥官，他的主张如同命令一样能够层层传递到管理的终端。命令传递的过程也是一个任务传递、压力传递的过程。培训过程中严格考勤、严肃纪律，教研组长、中层干部

---

① 余宪．以有效的校本培训促进教师专业发展[J]．当代教育论坛，2009，(11)：45.

深入到各个备课组层层把关，进行闭合管理。每一天培训结束，主管领导召集“碰头会”，总结得失，以便第二天调整。严格的培训管理制度是顺利完成各项培训任务的重要保证。培训组织的职能部门能够不折不扣地执行领导布置的任务，是受到校长强势领导风格、结构工资（现称绩效工资）、奖励制度和争先恐后组织氛围的影响，这对于一所新建学校的教师队伍在短时期内形成共同价值观、养成规范的教学行为、提高教学质量等作出了不可磨灭的贡献。当然，任何事物都有两面性，访谈中也有教师谈到了一些负面的影响，关于这种“绩效管理导向”的校本培训的成绩与问题，将在后文展开论述。

三、“绩效管理导向”校本培训的教师成长感悟

笔者遵循研究性与实践性相结合的原则，注重本书的典型性、实用性与可读性，特将建平实验中学建校初期教师校本培训成长感悟的诸多素材进行筛选、分类、重组与统筹，在一个个教师真实而又细腻的心路历程里，进一步挖掘、分析与提炼，萃取可视化、可迁移、可操作经验的同时，不回避痛点、不掩饰问题。期待这些鲜活的体悟具有启迪作用和借鉴意义，能够泽被更多的同仁、影响更深的层面、辐射更广的区域。

（一）教师暑期培训心得

笔者在前面章节已对建平实验中学高强度、快节奏、严要求的半军事化管理的暑期培训作了总体介绍，在此聚焦老师们的成长日志，试图通过个案的具体剖析和微观解读，拓展研究纵向上的深度，也力求以人为本，关照到研究对象错综复杂的多项因素。

【档案 8】

涅　　槃

（说明：本项档案材料为 2003 年暑期培训时的奚慧菁和秦莉两位教师交流分享的心得节选）

节选 1：

永远不会忘记 2001 年的 8 月 15 日，在那一天早上，我怀着按捺不住的雀跃

心情进入了建平实验的大门。这道门在我眼中是神圣的，因为这道门寄寓着我的未来、我的青春和我的希望。在我看来，这道门里，就是我实现梦想的舞台，是焕发热情的角斗场，是体现我的存在价值的地方。可是没过多久，我就发现了梦想与现实的巨大差别，原来做建平实验的教师远远比我想象的还要艰难。视听教室的椅子还没有坐热，第一个考验从天而降——参加演讲比赛。其实演讲比赛还没有什么，教师本来就是吃开口饭的，但是仅仅几天的准备时间实在是太短了，以往每次比赛哪次不是准备个十天半个月踏踏实实地上战场的？但现实是残酷的，不能适应环境的人终将被淘汰。箭在弦上，不得不发，于是，第一次通宵达旦地对着镜子练习演讲，捕捉表情，设计手势，一遍又一遍，不厌其烦。明明已经作好了准备，可是第二天听到其他老师在走廊里练习演讲，就马上对自己又不满意了起来，又开始重新润色，重新试讲。气氛的热烈，同伴的优秀，无形中对每个人都形成了巨大的压力，仿佛是一场战斗，因为，我们都怀着同样的梦想来到这个地方，我们都想实现自身的价值，我们要证明，我们是优秀的。那几天，每个新进的教师都体会到了食不知味，夜不安寝的滋味。可是对于我来说，考验还没有结束，就在即将进行比赛的隔天下午，我忽然收到学校的通知，要求我参加第二天也就是紧接着演讲比赛的说课比赛。当时这个消息于我不亚于五雷轰顶，因为当时我没有任何准备，也没有说课的经验，更可怕的是，说课怎样说我也不知道。当时是什么心情已经记不太清了，只记得那天下午，我是一边流着眼泪一边写说课稿的。在办公室里背着稿件到天亮，一个晚上没有合过一下眼睛，比赛结束后，我再一次哭了，因为我终于挺过了这一关，但也是后来才知道，这个晚上只是我以后工作中许许多多不眠夜中的一个。

当时印象最深的还有一件事情，就是学校的卫生要求是"卫生宾馆化"。所谓宾馆化，就是在每一个细枝末节都要做到一尘不染。时间紧，要求高，对于我们的精神和耐力是很大的考验，于是让半夜还在教室里擦窗的我们不免埋怨学校要求的严苛和不近人情。但"不经一番寒彻骨，焉得梅花扑鼻香？"事实证明学校领导们的高瞻远瞩和未雨绸缪的眼光。那一次的暑期培训使我终身受益，从中我不仅学到了各类书本上没有的知识，更重要的是培养了坚忍不拔的毅力和坚持不懈的精神，而这些正是我真正走上工作岗位之后，独自面对困难的支柱。

节选 2：

第三要过卫生关。在建平实验要做好班主任就要先过卫生关；学校的卫生要求是：卫生宾馆化！还记得预备新生测试的前一天拿到了班级的钥匙按照学校要求要打扫好卫生，于是就开始了我难得的大扫除工作。因为是独生子女对于这不太擅长，但满怀着热情的我，从上到下每个细节自己认认真真地劳作，经过三个小时的辛苦劳作迎来了第一次卫生检查。检查结果令我绝望：日光灯和电扇被评价为有黑色抹布痕迹不合格，玻璃窗被评价为有油漆和胶水的印记不合格，墙面有浅黑的痕迹不合格，课桌桌面有笔迹不合格，白色瓷砖的地面有湿拖把的痕迹和星星点点的小黑点（水泥）不合格，走廊的地砖之间有污渍不合格，楼梯的立面没有弄不合格……我自己都不记得得了多少的不合格了。检查老师刚走我便一屁股坐下了，当时的我真的是欲哭无泪，连逃跑的心都有了，一个人在教室里整整坐了十几分钟，一动不动只听到隔壁班的班主任还在继续干。直到建平实验的一名老教师走进我的教室，看到我的状态说了两句话，我现在仍记忆犹新，她说，“明天学生就要来了，我们要为他们创造良好的环境”。第二句话帮我度过了这个坎，她说：“别着急，只要选对工具干起来是很快的，我基本上弄好了你过来拿吧！”我像是捞到了救命稻草似的，赶快跟她去拿了工具，有铲子、刀片、百洁布、抹布、清洁球、洗洁精、洗衣粉、两把优质拖把（一把湿拖，一把干拖）……在这位老师的帮助下，经过我又一次三四个小时的劳作，教室终于合格了，来之不易的合格啊！这时窗外已是繁星满天，而我也是疲惫不堪了，拖着困乏的身体也顾不上考虑饥肠辘辘的肚子回到办公室，想想以后每天都是这样的要求不仅担心起来：这样的要求我能每天都做到吗？带着这份不安，到家已是晚上 10 点了，躺在床上的我虽然身心疲惫，但仍然睡意全无，思索着以后的岁月该如何度过，那一晚也不知道自己是怎么过的，糊里糊涂的天就亮了。第二天一早，妈妈看见我的气色不好，也知道我深为卫生而累，妈妈在早餐时给我讲了这样一段话，妈妈说，一天新来的小闹钟对大闹钟说，每天要走好多次，走完了今天还有明天，何时才是尽头啊？不想走了！大闹钟心平气和地说，其实你要走的只有一下，也就是下面的一下，你只要记住只要走好接下来的这一下就行了。从此小闹钟开心地走着这一下。这段话帮助我克服了我的畏难情绪，激发了我迎难而上的斗志。来到学校完成所有的工作后，我便找老教师讨教如何迈过卫生关，这也成了我以后打扫卫生的制胜法宝：第一，合适的劳动工具；第二，合理的人员安排；第三，严格的检查制度；第四也是最为重要的是要尽快教会每个孩子打扫卫生。这四大法宝让我再也没得那么多的不合格。

（以上档案材料来自建平实验中学档案室）

两段文字是新大学生参加入职培训后的心得体会的摘录：奚慧菁和秦莉两位年轻教师都是建平实验中学积极上进、踏实勤勉的新生力量，从两个人分享的文字中，成为敬业与专业的建平实验人是这一时期老师们的共同追求，但在两个青年教师励志热血的主旋律之中，“身心俱疲”“欲哭无泪”“焦虑不安”“五雷轰顶”等文字也无不透露出绩效管理之下老师们真实的心理状态。

（二）教师质量分析会发言

“建平实验是创造奇迹的地方”，这是建校初期老师们耳熟能详的一句话，其间充斥着全体同仁追求卓越、争创一流的自豪与激情，但同时也带给大家超负荷、高压力的胁迫感觉和危机意识。为了守住教学质量这条生命线，全体成员不遗余力、不吝时间、不惜代价。

已经成为校本研修制度的质量分析会，被老师们称为“排在末位者的批斗会”，兔死狐悲，气氛之凝重、态度之严肃、心情之压抑，也令所有被评价者心情沉重。“任教初三是学校对你的充分信任，也是一份至高无上的荣誉”，出自教学主管领导的官方语言让“育分英雄”“中考赢家”们理所当然地成为了大家的精神榜样、膜拜偶像，而一直在预备、初一年级小循环的老师自觉颜面扫地、信心无存。

以下笔者摘录了不同类型教师的质量分析会的发言：

【档案 9】

十年磨一剑

（说明：本项档案材料为 2011 年 10 月马樱老师经验分享的发言）

回想踏上工作岗位的第一年，那时的我只是个懵懵懂懂的新教师，对教师工作的很多内容都不甚了解，每天忙于备课、上课、作业批改等等，总想着做好自己的本职工作就行。可是，业绩水平的高低是通过考试排名和班级评比等各项考核反映的。眼见一同进单位的同学已在各类教育、教学平台上崭露头角，而自己却成绩平平，心里不免有些焦急。

扪心自问，不能说自己不努力。同一年进校的老师都知道，我们几个新教师常常晚自修结束了还留下学生来背单词、默课文，常常备课到深夜。但是，我的精力花了许多，结果却总是不尽如人意。

第二年，我又重新回到了预备年级。重新披挂，再战预备，我下定决心一定要用教学业绩来证明自己的实力！在备课期间，我用心在教学设计上，分清主次、突出重点；在闲暇之余，我反复琢磨考题，分析每一课的考点……就这样，在第一次期中考试中，我两个班一个从入学时的第 16 名一举跃居第 5，而另一个则直升第一！为了巩固战果，我还利用各种方式提高学生的学习主动性，像师徒结对啦、小组评比啦、颁发奖品啦等等。无论是由于直接兴趣还是间接兴趣，反正当时学生们学习英语的积极性是空前高涨的。

那一年，我在工作上得到了校领导的肯定，并且在质量分析会上交流了经验，当时心中真的充满了一股初战告捷的自豪之情！

可不曾想到，工作第三年我又一次尝到了失败的滋味。那一年，赵建芬老师加入了我校，进入了我组。同教初一的她，有着多年带教初三毕业班的经验，对初中英语的所有知识点都了如指掌。记得有一次考试考题比较偏，侧重了老教材的内容，几乎与牛津教材毫无关系，就是那次考试我遭受了“滑铁卢”的惨败。虽说仍保住了第二，但与赵建芬老师的第一竟差了 9 分，这个差距太大了。

第四年我再次回到了预备年级。可能是经历过了成败，我不再那么功利，一切向分数看齐。我已深深地领悟到学生的成绩只是一种表象，真正起决定作用的是教师的“内功”。于是，我开始沉下心来，努力提升自己的业务水平。我给自己定下一条：无论在哪个年级都必须了解初中的英语教学大纲，知道自己所在年级阶段的学生英语所需达到的水平，并熟悉历年中考考题。其次，我还希望自己在课堂教学研究上有所突破。

自己的业务水平终于有了质的飞跃，学生的成绩也随着老师“内功”的精进而水涨船高。终于我的第一届初三学生毕业了，两个班级的英语都取得了理想的成绩——我班在浦东参加考试的学生中有1/3考入了市重点，这不仅仅是我一个人的成绩。虽说历时七年才走完预备到初三的路，但也正是因为这段循序渐进的历程才使我得以打下坚实的基础，找寻到属于自己的英语教学风格。如今，我可以充满自信地肩负起初中每个学段的英语教学重任。

（以上档案材料来自建平实验中学档案室）

以上摘录的马樱老师的文字，记录了她历时7年才完成了初中学段完整的一个轮回的过程，其间她已经成长为一名有经验、有活力、有智慧并深受学生和家长欢迎的骨干教师。虽然不止一次的从头开始的经历没有让马樱老师在挫败的阴影中不能自拔，虽然她在文中提及：“我已深深地领悟到学生的成绩只是一种表象，真正起决定作用的是教师的内功”，但是分数始终还是影响其情绪的晴雨表，也是决定她得到领导同仁认可、获得专业自信的一块敲门砖。

【档案10】

成　长

（说明：本项档案材料摘自2008年4月孙伟菁教师经验分享的发言）

我不知道如果我告诉大家我在建平实验的第一次做班主任的经历就是以失败告终的，大家会不会看不起我，但我曾经特别看不起自己。也许有些老师会安慰我，来校第一届的中考成绩你教的两个班不是在年级19个班中名列前茅嘛，但我还未来得及从教学成绩中汲取信心和力量，便经历了又一次刻骨铭心的失败。第二年留在初三年级的我接了两个基础最薄弱的班，虽然全力以赴，但一年下来也没有实现领导们“起死回生”的期待。我知道我让领导以及所有看好我的人失望了，但最失望的人其实还是我自己。多少次山重水复疑无路，多少次黔驴计穷、无能为力，多少次劳而无获、痛心疾首，多少次我在心里默默地骂自己：弱智、白痴、低能儿。所以今天坐在台上的我真是万般无奈、诚惶诚恐，思来想去我终于明白领导选中我发言的用意，那就是告诉大家：一时的成败算不了什么，酸甜苦辣皆有营养，失败成功都是收获；托起建平实验明天的不仅有资深教师、强势教师，还有我们这些不断成长、默默无闻的普通人。

（以上档案材料来自建平实验中学档案室）

更引发笔者深思的是孙老师坚决拒绝在质量分析会上进行经验分享一事，令备课组长、年级组长一筹莫展。孙老师首次在建平实验带毕业班，任教的班级便独占鳌头，第二年留在初三接手排名最差的两个班级，虽然没有突飞猛进，但也没拖年级后腿，那一年的建平实验中学的中考语文成绩名列全区榜首。新一轮的两个平行班，在她的调教下，竟然超越了特色班位居全年级一、二名，这样的教学业绩加以宣传和推广难道不是得到学校赏识和同事钦佩的绝佳机会吗？

经过和孙老师的倾心交流，笔者发现，越是自律的教师越是高自尊，她无法保证自己是一个招招皆灵的常胜将军，而随时可能跌入谷底的不确定性和不安全感让她面对目前的优势和辉煌也无法萌生发自内心的喜悦与自豪。虽然经过笔者苦口婆心的开导与规劝，孙老师勉为其难地进行了交流分享，但她重重的顾虑、深深的伤痛引发了会场上不少老师的共鸣。

【档案11】

反　思

（说明：本项档案材料为2003年10月考质量分析会韩丽晶老师的发言）

这次月考我所任教的两个班考得很糟。6班由第4名滑到第11名，18班由第17名滑到第18名。其实，不用别人说，当事者心情最沉重。考试是无情的，正所谓“几家欢乐几家愁”这句话不只是说给学生听的。但痛定思痛，这种场合不相信眼泪，理性的反思才有实效。

首先从6班说起。开始我想，原因是不是出在倾斜用力上。为了尽快进入角色，我从9月1号开学至今的每个双休日，十一的7天一直在家访，连最远的芦潮港、七宝、外高桥都去了。这个星期还有最后三家要访。平时在班里忙于立规成习，了解学生动向，在一些突发事件到来时，帮学生调节情绪，调整心态。虽然很累，但毕竟一个月下来，学生与我亲近了，家长认同了，班级上手了，工作好开展了，校月考也来了。还有，我班的英语数学老师都相当尽责，总是抢时间插进来。有时我就想，把时间让给她们吧，我班主任的课来得及。等我插进去时，看见学生疲于奔命地赶作业，来不及吃饭，我的同情心就来了。心想，多给他们些时间吃饭睡觉吧。这时月考又到了。

昨天我们备课组把学生的单项小分打出来，心定了些。卷面100分，其中我们主观上能抓的只有第一部分的20分；课内文言文及默写6班的平均得分18.3分，还居年级第四。18班是15.8分，依然是年级17，保持了上次期末的水平。那么，分值就拉在了课外阅读及作文上。开始我还自我安慰地想，难道是我一个月内把学生的阅读和写作水平教退步了？难道语文学科的考试没有一点偶然性吗？但，纵有千条理由也不及现状的残酷来得真实。毕竟18班的毛××和陈××全卷只得30分，课内只有1分。虽然我在18班花了很多心思，但毕竟还没达到谭老师要求的那样，把学生领到家里看着默，盯人功夫还不够。

找到症结所在，我的心情释然了许多。

我相信，自己虽然不是领跑的那个，但肯定也不是拉后腿的那个。毕竟我不怕吃苦，而6班的学生信服我的话，18班的学生喜欢我的课。但愿信服我的6班能像从前那样寻回那一现的昙花，梦想18班能和李娟老师鼓励我时说的在我手中出现奇迹。

（以上档案材料来自建平实验中学档案室）

的确，单一的评价方式很难全面地考量一个教师的工作态度、合作意识、情感付出等隐含在分数背后的诸多要素，比如韩老师双休日、节假日家访工作的精力投入，比如身为班主任对于任课老师的谦让、对于学生课业负担的体恤，比如语文学科一次考试的偶然性……而不容忽视的是教师内心的抵触情绪在潜滋暗长，比如韩老师在月考质量分析会上的教学反思，这篇文字名为检讨，却隐含着对质量观、评价观的质疑与商榷。

（三）教师专业成长经历分享

伴随着浦东开发开放成长起来的建平实验中学，锐意进取、勇于开拓。来自五湖四海、风格迥异、素质不等的老师们迅速被打造成为一个规范的团队，大局为重、勇挑重担、不计得失的精神上行下效，蔚然成风。但是立竿见影的效果往往与人性的缺失相伴相生，过于严格的培训要求、过于刚性的管理制度、过于强势的领导方式势必忽略了很多个体的真正需求与健康发展。从以下分享中可见一斑：

【档案 12】

痛并快乐着

（说明：本项档案材料为 2003 年 8 月奚慧菁老师在教工大会上的发言）

记得大学毕业找工作的时候，我到建平实验来面试。我的同窗知道了，对我说：你去那个学校干吗？听说，那个学校的老师都是疯子！为什么会有这种说法？好奇心、好胜心，再加上初生牛犊不怕虎的勇气，我来到了这里。两年以来，我与建平实验共同成长，深切体会了建平实验老师的“疯”。是疯了，是为了教学而疯狂；是疯了，是为了学生的未来而疯狂；是疯了，是为了自己的教育事业而疯狂。在这两年的时间里，我也成了一个这样的“疯子”，而且，我喜欢做这样的“疯子”。面临了许多在以前的 22 年岁月中从未遇到过的困难，每一次问题的解决都如烈火煎熬般痛楚，如凤凰涅磐般再次获得重生。可能，在座的许多老师都和我有着一样的体会。

新学期，我担任了预备两个班的语文教学工作，两个月以后，为了配合学校的需要，从大局出发，我必须到初一年级任课。放弃已经熟悉适应的预备年级的环境，一切在突然间发生，走的时候我的学生哭成一片，我也流下了眼泪，我舍不得我的学生。还有，意味着一切要从头开始，以前所付出的心血付之东流，面前的道路困难重重，我该怎么办？不是没有想过退却，但是，我的倔强不允许我这样做，如果退却，那就不是我，迎难而上，才是我的性格。现在想来，当时的想法实在幼稚，换一个角度来看，这不是我提高能力的不可多得的契机吗？起点高，进步快，能够在最短的时间内取得最大的进步，这不是我衷心所愿吗？角色的转换使我接受了巨大的挑战，一切从零开始。事实证明，所受的痛苦越大，获得的快乐也越多。为了和新的学生相处愉快，教学相长，我也绞尽脑汁，想方设法，发掘了许多自身潜力，原来感觉做不到的事，现在不但能做，而且做得很到位，我品尝到了烈火中重生的喜悦。

上个学期，除了原来的8班，我又接手了年级里的另一个语文成绩非常薄弱的班级，和上一次不一样的是，虽然也是诚惶诚恐，但是没有委屈，有的是想要大展身手的踌躇满志，还有一点“我不入地狱，谁入地狱”的悲壮感。不过，初接手这个班级，我还是被吓了一跳。

虽然事先，我已经知道这个班语文成绩的惨不忍睹，是年级第一，不过是倒数，班平均和年级平均天差地远。但是，令人费解的是，全班没有一个人喜欢语文，甚至是厌恶语文，好一点的学生也认为学语文可有可无。我的直觉告诉我，可能有什么特殊原因在其中，不能一味怪学生不爱学习，在正式上课之前，我利用课余时间深入班级，和他们进行了平等的对话。果然，在谈话中，我了解到他们不愿意上语文课的主要原因是因为和老师的沟通出现了问题。因为还是孩子，思想、行为、习惯，各个方面都不够成熟，所以行为有些偏激，时有问题发生。他们喜欢的是时刻想着学生、尊重学生、了解学生需要、注意与学生交流感情的老师。他们喜欢的是对学生真诚、坦荡，能得到学生真心与信赖的老师。

因为这个班的基础和我另外一个班的语文水平有差异，所以，每次备课，我都是备两套方案，说实话，这样做真的很累。晚自习以后加班是家常便饭，但是眼看学生们在进步，就算是一丝一毫，我也觉得一切都值得。有些孩子，因为前面落下太多，基础知识非常不稳固，所以他们不愿意再学习。面对这样的学生，我的良知告诉我，我决不能放弃。我详细研究，针对他们的学习困难，制订个别教学方案，利用中午、晚上甚至是休息日给那些基础较差的学生补缺补差，天天如此，从不间断。功夫不负苦心人，两个班的成绩都有了长足的进步，在各类竞赛中，学生们也获得了佳绩。

（以上档案材料来自建平实验中学档案室）

奚老师是建平实验中学被学生、家长、同仁、领导一致认可的青年教师，不仅缘于她夜以继日、废寝忘食的拼命三郎般的苦干精神使不同层次的任教班级的均分都在原有基础上得到提高，还因为她在学校工作频繁调整的过程中服从安排、毫无怨言，以上文字详实地记录了这一过程。

粗读文章，我们欣慰地看到奚老师在不止一次的突发变动中，努力配合学校调试心情，不断根据学情改变策略，一个青年教师更成熟了，更全面了。但掩卷俯思，回视那一时期的组织管理，更多的是强调集体意志，却忽略了个体的独特需要；对老师而言更多的是适应，而不是彰显蓬勃的生命。

“爱自己的孩子是本能，爱别人的孩子才是神圣”，教学主管领导常常用这句话鞭策老师们，于是牺牲业余时间、忽视家庭生活、冷落自己孩子的现象普遍存在，而作为人的正常诉求却得不到真正的关注与满足，以上文字便是当时学校氛围的写照。

【档案 13】

风雨之后见彩虹

（说明：本项档案材料为王治卓老师 2007 年 8 月的学校暑期征文节选）

初来学校，我便被学校那种独有的魅力所深深地吸引，如画般的校园、如诗般的意境使我深深眷恋这里的一草一木、一花一水。面对一位位踌躇满志的毕业生和经验丰富、自信满满的长者更使我不知所措。由于过度的紧张，第一次说课比赛虽全力准备却令自己极不满意；本写得被称作组里最好的演讲稿在试讲时竟然没有达到预想的效果。工作需要，我从一个中学语文教师的岗位暂时调整到一个小学自然教师的岗位，这在学校是一件非常普遍的事情，可在当时的我看来这种作法是对我的全盘否定，越发增强了我的自卑感。曾经失落、曾经彷徨、曾经退缩、曾经逃避，但现实还是要面对。我默默地工作了六年的时间，六年里，我多次想向学校提出回到自己的语文岗位，但多次又没能张开口，害怕自己无法胜任，甚至淡忘了自己曾是中文系的毕业生。2006 年，在学校语文教师缺乏的情况下，我终于鼓起勇气，表达了自己的想法，我毫无悬念地回到了自己原有的岗位。从此，我怀着忐忑的心情胆怯地走上了语文教师的讲台。孩子渴求知识的目光使我下定决心一定要教好他们。一次区级公开课后，教研员的一句话真正改变了我：“我今天听了两节课，你的课比我听到的另一位教师的课好很多……你是一个称职的好老师……”一席话使我极其懊恼:另一位老师可是比我资格老很多的成熟教师,我可以上得比她好?!可我却因仅仅一次临时岗位调整竟然认为自己不能教语文。错误的认识、错误的自我评价竟然浪费了我整整六年的大好时光。我最大的敌人原来是我自己。一次教研活动,从不敢发言的我心里默念着教研员的话终于说出了自己的观点,竟然得到全体语文教师的认可。并给我留下一句我最需要的评价:"其实,她的功底很好,对教材理解得很透彻。"心底的忐忑顿时平息:这验证了我的思想、观点是正确的。得到的肯定赞扬日渐多起来,我也随之日益敢于表达自己的观点,我也逐渐变得更像一个语文老师,和组内老师共同探讨、切磋,而不是一个局外人。渐渐地我开始了思考,我思考着失败的每一步,究竟源于何?回顾自己成长过程,自己是否真的一无是处?翻开自己的履历,一项项获奖,各种荣誉展现在我的面前,我却曾经全然忘却。此时,在学校几年来不断撰写的各种文字材料、得到校领导的各种首肯一一在我面前展现,而自己却忽略掉了自己的所有长处,完全被那种强烈的自卑感淹没掉了。我曾把一切看作洪水猛兽。缺乏自信使我丧失勇气、未行先退,缺乏自信使我畏惧胆怯、举步维艰,缺乏自信使我不敢尝试、不敢体验。可以说,自信,是我真正人生的开始。

(以上档案材料来自建平实验中学档案室)

以上案例记述的是中文系本科毕业的王老师因为在暑期培训的说课比赛中发挥欠佳,而被安排在小学的非考试学科任教的经历。整整6年,王老师不敢向上级领导提出自己的意愿与诉求,更不要说发展自己的兴趣和特长、实现自己的发展与抱负了。虽然王老师现在已经成长为一名有自信力的语文教师,并自信地走上了学校中层管理的岗位,但从以上摘录的文字中,笔者可以读出王老师不仅为曾经浪费了6年专业成长的大好时光而后悔遗憾,更为自己一度失去了作为一名教师应有的自信而痛心惋惜。

四、"绩效管理导向"校本培训的成绩与问题

(一)建设了"规范、合格、敬业"的教师团队

一个组织的成立,需要的是一项行政许可;然而,一个组织的建设却需要

足够的历史积淀和组织成员的积极努力。一个团队也并非仅仅因为人事关系的共同归属而必然形成。建平实验中学建校初期的教师来自五湖四海，专业素质参差不齐，通过几年的校本培训和教学实践，一个带有学校独特文化标记、有着共同价值观和相似的行为特质的教师团队逐渐成型。学校注重绩效管理的结果导致这个团队的主要特质标签是“规范、合格、敬业”。

【档案 14】

学生眼中的老师

（说明：本项档案材料为 2002 年 4 月 22 日学生座谈会记录节选）

教导主任：各位同学好，今天你们都是教导处通过指定学号（各班的 8 号、20 号、32 号）请来的，可以说是随机的。今天请你们来是召开一次座谈会，对班级任课教师做出评议，请同学主要围绕老师的教学能力和责任心来谈，谈话结果是保密的，你们是代表班级同学的，一定要实话实说，便于学校了解情况，改进工作。

生 1：我是预备 3 班的，我们的老师都非常负责。班主任老师好像整天都呆在教室里一样，中午吃饭要看着我们吃完，她自己才去食堂吃饭。数学老师抓我们的学习特别紧，她如果上午考完试，下午分数就批出来了，我们当天就要订正。英语老师天天晚上留下来抓默写不合格的人，总是要很晚才回家。

生 2：我是初一 5 班的，我们的班主任要求特别严格，每次预备铃响之前，她肯定已经站在讲台上了，她要求我们要坐姿端正，上课要有精神，要认真记笔记。我们班的英语成绩是很好的，同学们虽然觉得她很严，但还是很听她的话。其他的老师也很好，就是有一点不太好，一到期中考试和期末考试前，我们的主科老师总是要把音乐课、体育课还有其他的副科课占掉。他们很累，我们心里也不愿意。

生 3：我是初三 13 班的，我们初三的老师更加认真负责。每次中午自修时间，我们教室里至少会有两个老师来辅导。我们的自习课老师都抢着来上课。

生 4：我也是初三的，我们班主任老师为了鼓励我们，给我们班每个同学写了一封信，我们同学都很感动。我们有两个学习不好的同学她每天带回家里看着他们写完作业再回家，都是免费的。

生5：我是初二的，我们的老师都很负责，但是上了初二，课堂举手发言的人越来越少，希望老师能够幽默一点。

……

（此档案来自于建平实验中学档案室）

通过档案14可以了解到在建平实验中学学生的眼中教师的总体印象。几乎所有被访谈的学生都认为自己的老师是认真负责的，老师们都兢兢业业地教书，扎扎实实地抓教学质量，都注重为人师表，关心学生，严格要求学生。他们乐于吃苦，甘心奉献，自觉自愿地遵守校园内成文或不成文的规范，他们的工作特点是高标准、高要求、高强度、高效率。在艰巨的任务面前，不推脱，不畏难，咬紧牙关，扛得起，做得好。这种精神经过中层、骨干，到全体教师的分层培训、逐级传递，使教师们相互感化、相互感染、相互促进。这些特点不是某个教师、也不是某些教师所独有的，而是绝大多数教师共同具有的特点。由此看来，建平实验中学通过教师培训和管理已经把教师打造成了一个具有"规范、合格、敬业"的共性特点的教师团队。

（二）实现了中考成绩名列前茅的学校绩效目标

建平实验中学在建校的第一个四年当中，管理者和教师凭着满腔热情、艰苦努力，靠管理强化培训，以培训促进管理，培养了一支被校长称为"能打硬仗"的队伍，中考成绩逐年提高，2002年、2003年连续两年综合排名在浦东新区公办学校中位居榜首，为实现"办一流窗口学校"的目标，率先完成了一个硬指标。

常识而言，对于一所公办学校而言，做到"小而精"是容易的，做到"大而强"则是很难的。无论是升学考试的高分率还是整体的合格率均反映出学校教学管理的规范和认真。通过对中考官方数据的分析，可以得出一个结论，建平实验中学在生源基数大、质量参差不齐、分流比率控制到最低的情况下，教学质量在同类学校中仍然雄踞榜首，学校的教学管理和教师管理定有其过人之处。通过研究和前文的论述，笔者认为这过人之处主要表现为学校有着强烈的校本管理、校本培训的意识。建平实验中学的校本培训不是理论上的以满足教师发展需要而实施的“专业发展导向”的校本培训，它从启动之日起就带有强烈的“本土化”色彩，是真正的以“这一所学校”的特殊阶段的特殊校情为本的“绩效管理导向”的培训，对实现学校中考成绩名列前茅的目标起到了至关重要的保障作用。

（三）打造了“不同凡响”的学校精神名片

首任校长姜晓勇是一位善于激发团队活力，引领学校发展的具有领袖气质的开拓者，由于他建校有谋、治校有方、管校有略，一所公办学校在短期内迅速崛起，建平实验成为了众所周知的一个传奇。姜校长在学校初创期的校本培训影响深远，他虽任职时间不长，却给建平实验留下了一笔宝贵的精神财富，那就是精益求精、尽善尽美——用最坚定的信念追求卓越，以最艰苦的努力铸就辉煌。姜晓勇校长崇尚的育人理念是“教育的最大魅力是让每一个学生都拥有希望”，他带给教师们的也是无尽的力量与希望，他与同仁们共同构建了清晰而美好的愿景，很多教师至今回忆起那段激情燃烧的奋斗岁月，还是充满了无限的怀念。虽然工作是辛苦劳累的，但学校的实力是员工们的底气，创造佳绩、见证奇迹的教师们深深地感到身为建平实验人的归属感与自豪感，负重前行中惊喜地发现自己的潜能被挖掘了，心灵被触动了，干劲被鼓舞了，真爱被点燃了。

【档案15】

彩 虹 之 约

（说明：此项档案摘自建平实验中学“青春无限　真爱满园”迎新大联欢初二年级朗诵稿，时间为2017年12月）

选择建平实验
意味着一场相遇、一次洗礼
一种萌发、一轮撞击
一场约定
一场如彩虹一般的约定

不知不觉中，我们已经在建平实验携手走过了十几载
追逐着梦想的脚步
践行着心灵的约定
我们体验了人生最美妙的行走
勾画了教育最动人的剪影
蓦然回首
一串足迹，一路风景，一生回忆

进了建平实验门，都是建平实验人
每个闪亮的生命个体都在团队的星空中
绽放出美丽的光彩
汇聚成七色的彩虹
幻化为漫天的璀璨

最宝贵的青春在这里挥洒
最坚实的足迹在这里留下
青春与激情在这里共鸣
精神与信念在这里凝聚
历史与文化在这里传承
精彩与辉煌在这里创造
我们深深体会到建平实验代表着
一种浓郁的青春气息
一种强烈的进取精神
一种积极的人生态度

建平实验至今已走过了十七个春夏秋冬
宁静深沉的状元楼，见证了光辉的岁月
大气典雅的建德堂，目睹了奋斗的征程

十七载，白驹过隙，风雨与硕果同行
十七载，时光荏苒，沧桑和凯歌合奏
热土涌动着热浪，热血沸腾着热望
忆往昔，建实人以忘我的拼搏精神铸就了辉煌
看今朝，建实人以踏实的探求作风编织了梦想
展未来，建实人以超拔的开拓勇气承载了希望

我们在焕然一新的校园里重温彩虹之约
踏踏实实地工作，认认真真地生活
兢兢业业地付出，痛痛快快地拼搏
勤勤恳恳地耕耘，开开心心地收获
做真的追寻者
善的传播者
美的创造者
爱的践行者
彩虹之约
这是一个七彩的约定
这是一个永恒的约定
积蓄力量，与时俱进，追求卓越
建平实验将展现出更加广阔灿烂的前景
建平实验人将续写更加气势恢宏的篇章

（以上档案材料来自建平实验中学档案室）

从档案15的朗诵稿中，我们不难发现，一个具有感召力的优秀校长初创期对教师精神的提振作用以及对于学校文化的奠基影响，在十几年后仍然散发着一种神奇的魔力。不仅与姜校长共事过的老师们对他有敬有爱，尊称他为“男神”“铁人”“硬汉”，新引进的教师也会感受到他的余威犹存、美名远播，而对这位善于调动同仁们积极性、主动性、创造性的领航人充满了好奇和神往，甚至会在到尚德实验学校（姜校长现任学校）教研活动时企盼一睹真容。

创建优雅大气的校园环境，打造优秀敬业的教师队伍，铸就优质一流的办学品牌，姜晓勇校长不倦探索、不断创新的身影一直镌刻在建平实验人的记忆中。

（四）形成了“控制型”倾向的学校组织氛围

通过前文的论述，通过访谈 4 和档案 7 等若干资料的分析，可以看出，建平实验中学建校初期的校本培训从培训动机来看，是为了满足学校发展的需要，教师的需要则处于从属的地位；从培训的内容和形式来看，也是学校绩效管理目标的立体化呈现，在校长及其为核心的管理团队的心中，“工作至上”的观念根深蒂固，他们管理中“重事”过于“重人”；而培训的管理则充分渗透了古典管理理论的思想，信奉科学与规范，讲究校长和其他管理者的权威，通过自上而下的垂直领导和绩效奖励来调节控制教师的行为。这里的教师为了学校的工作牺牲了很多业余时间，甚至放弃了很多基本的生活需求与活动。整个学校所呈现出来的氛围如同沙因（美）所描述的“企业是一个效率很高、情绪激动、高度紧张、精力充沛和急于求成的生动环境；成员之间存在着高度的勇气面对困难，当仁不让等”。①

组织行为与组织氛围是相互影响、交互为用的。当笔者试图通过学校氛围理论来解释建平实验中学这一阶段的组织行为，发现建校初期的建平实验中学的学校氛围有着明显的“控制型”倾向。哈尔平和克罗夫（Halpin & Croft）将校长行为特征与教师行为特征联系起来加以研究，按照从开放到封闭的顺序，确立了六种不同的学校氛围：开放的、自主的、控制的、放任自流的、家长式的、封闭的。他们认为“控制型”学校氛围的主要特点是高度重视工作、高度障碍和低度亲密。这样的学校组织往往为了追求努力工作而以牺牲社会生活为代价。教师们的非教学性工作繁重，人际交往较少。② 在这样的氛围中“组织的人”显得很重要，而“个体的人”似乎是微不足道的，个体的行为随着组织的行为起舞，每个人如同一架机器上的零部件甚至是一颗螺丝钉，不停地

---

① 埃德加·H·沙因. 企业文化与领导[M]. 朱明伟，罗丽萍，译.北京：中国友谊出版公司，1989：123.

② 赵中建主编. 学校文化[M]. 上海：华东师范大学出版社，2004：349.

旋转，却不是按照自己的方向。但是人毕竟不是机器，马斯洛的需求层次理论表明生理需要是最低层次的需要，每一个人都有安全、归属和爱、尊重等较高层次的需要，这些“缺失性”的需要如果得不到满足，人的内心会存在深深的缺乏感、空洞感。而自我实现则是最高层次的需要，每个人都希望从事最适宜的工作，发挥自身的潜能，展现自己的才情和智慧，发展自己的兴趣和特长，实现自己的抱负，获得相应的成就感，活出生命的精彩，实现人生的价值。因此，在“控制型”倾向的氛围中的建平实验中学的教师一旦能够适应工作、在岗位上“站住脚”了，他们内心的种种需要就开始潜滋暗长，改变组织氛围、组织行为的诉求也随之而来。

（五）滋生了不同程度的教师职业倦怠

“绩效管理导向”的培训为建平实验中学打造了一个“规范、合格、敬业”的教师团队，这个高效率的团队靠着吃苦耐劳、竞争合作，在大大小小的考试和几次中考中取得了优异的成绩，把建平实验中学打造成了上海市一所基础教育的新锐学校，也试图把每个成员打造成一个在素质教育和应试教育的夹缝中战斗的“育分英雄”。

一段时期内，一定程度上，确实会刺激教师的培训动机，发掘教师的工作潜能，激发教师的工作热情。然而，在教学的复杂性和人性的复杂性面前，这种培训模式的不足与弊端渐渐显露出来。

【案例 1】

质量分析会遭遇的尴尬

（说明：此案例根据笔者亲眼目睹的事件整理而成，案例所记述的事件发生时间为 2002 年 4 月）

在一次期中考试后的质量分析会上，备课组长发言之后，一位教学成绩相对落后的教师进行自我分析，她首先分析了自己任教的两个班与平行班之间存在的差距及原因，然后，逐条说出自己今后的改进措施，说到一半，她变得哽咽了……当时的会议气氛有些凝固，主持会议的年级组长不知如何是好。这时，一位领导主动打破冷场尴尬的局面。她说：“我能体会刚才这位老师的心情，虽然考试不能完全衡量你的能力和努力，但是，分数毕竟是一个重要的指标，在建平实验中学工作就是要有承受压力和抗挫折的能力，过去，我们看过一部片子，名字叫《莫斯科不相信眼泪》，建平实验中学也同样不相信眼泪，我们相信你……”

案例1中发生的一幕是笔者亲眼目睹的，这件事情之后，笔者经常有一些疑问在脑海中盘旋：为什么会是这样？是因为她的脆弱？如果排在最末位的是我呢？我是不是会比她更难过？如果不这样开质量分析会，老师还有现在这么大的压力和这么强烈的敬业精神么？后来，笔者试着和一些老师沟通，了解他们真实的心理状态。老师们普遍认为学校的管理、培训，尤其是质量分析会给他们带来了重压感，心里总是很焦虑，唯恐自己哪一次考不好而颜面无存，即便考得好的也有一种不安全感，担心哪一次有一点闪失，失去目前的优势。由于过于看重成绩，在平时的教学中会放弃很多应该给学生的东西，更多的是把学生盯得牢一些，抓得紧一些。这样，和学生的冲突也越来越多，随之而来的是自己在这样周而复始的轮回之中，变得越发暴躁、易怒，身心疲惫，力不从心，工作的内驱力越来越微弱，甚至厌倦了教师这个职业。

教师这种职业倦怠的状态，促使笔者思考教育教学的复杂性，思考教学质量本真的内涵。影响教学质量的因素是多方面的，简单的几个数据，是不能还原师生共在的原初的教学情景，无法考虑到师生的情感、心理等诸多难以量化的因素，损失了很多的教育完整性，在很多方面表现出无能为力。① 用分数来判断评价教师的工作，会引起“人们心理上的威胁或不安全的印象”（斯克里文）。以色列学者内伏（Nevo，D.）认为“一个表明评价‘判断性’的定义，也许会引起潜在的评价者的许多忧虑和评价对象的抵制”。② 克龙巴赫（Cronbach，L.J.）曾严厉地把判断性的评价观称为是“为主人服务的奴仆”“专门雇来决定（判断）‘对’或‘错’的篮球裁判员”。在这样的质量观、评价观之上的校本培训无从确立教师的主体地位，也难以促进教师的专业发展。建平实

① 葛大汇. 教育管理中评价的使用目的[J]. 素质教育大参考，2004，(4).

② 瞿葆奎. 教育学文集 教育评价[M]. 北京：人民教育出版社，1989：345－346.

验中学建校以来对教师的管理举措主要基于对教学质量的狭义理解，也就是以提高分数为导向，用分数来判断教师的工作业绩，“以分数论英雄”。这一阶段的教师培训带有强烈的绩效管理的倾向，虽然实现了预期的绩效目标，推动了学校的阶段性发展，却引发了教师的许多忧虑和内心深处的抵制情绪。陈玉琨认为“促进教师的成长与发展，比只接到一份判定他们工作的等第报告更能使他们接受”。[①] 丰富的教育理论和鲜活的教育实践表明，教学质量的内涵不应该仅仅是分数，在分数质量的基础上还应有人的发展质量和教学过程质量。人的发展包括教师和学生的发展，因为学生的发展是依托于教师的发展而实现的。所以，教师的发展是提高教学质量的关键。[②] 一旦忽视了教师的专业发展，学校的可持续发展也会受到影响。“专业发展导向”的校本培训势在必行。

在分析了建平实验中学初创期“绩效管理导向”的校本培训的成绩与问题之后，下面一章将重点论述建平实验中学发展期“专业发展导向”的校本培训的价值与成败。

---

① 陈玉琨.教育评价学[M].北京：人民教育出版社，2002：78.

② 李百艳.从质量监控走向质量自觉[J].基础教育，2009，(6)：47.

第三章　学校发展期“专业发展导向”校本培训的成败

一、向“专业发展导向”转变的办学背景

（一）市区教师专业发展项目的推动

上海作为全国最发达的地区之一，作为国际化大都市，要有与之相匹配的一流的教育。上海市历届政府都非常重视科教工作，2003年上海两会提出坚持“科教兴市”战略，走通“华山天险一条路”，是上海进一步发展的必由之路。在这种战略思想的指导下，各级教育主管部门不断推出教育改革的新举措，基础教育领域在不断推进课程改革的同时，相继推出教师专业发展的若干项目，致力于打造一流的师资队伍。

2004年上海市教育委员会出台了《“上海市普教系统名校长名师培养工程”的实施意见》，指出实施此项工程的目的是“为加大本市骨干校长和教师的培养力度，造就一批有良好的师德修养、先进的教育理念、厚实的专业素养、开阔的国际视野、教改研究与教育创新能力和国际交往能力的骨干校长和教师队伍，推动上海基础教育的发展，率先实现基础教育现代化”。这是近十年来教育行政部门促进教师专业发展的一个重大举措。

按照该方案，上海市将在5年时间内造就100位名师、100位名校长。2005年上海市基础教育工作会议宣布了“上海市普教系统名校长名师工程”正式启动。由组织、人事、财务、科技、国际交流、基础教育等八个部门组成的“工程办公室”同时投入运转。2006年2月，“名师工程”开始组建不同学科的名师基地班，基地班以该学科的领军人物（均为特级教师）命名，如“程红兵语文名师培养基地”。名师基地每一期的学习时间为一年，面向全市招收15名学员，学员均在名师培养对象中产生。为配合名师培养对象的产生，各区县教

育局纷纷开展了学科带头人、骨干教师的评审活动。浦东新区先于上海市“名师工程”实施之前出台了《2004 年学科带头人、骨干教师、培训基地和名师工作室评审实施方案》。市区教师专业发展项目从行政的角度促使学校重视骨干教师的选拔和培养，而评审的专业导向对深陷于日常琐事、追逐考试分数的教师起到了唤醒的作用。

（二）浦东新区教育内涵项目的引领

所谓浦东教育内涵项目是在浦东新区特有的教育资源和教育改革、发展要求的约束下，为实现浦东教育内涵发展的既定目标，以教育研究与培训为主要内容，一般以一年为时间界限，有预定项目经费的一项综合性任务。项目不同于一般的日常教育工作，也与教育科研课题在研究目的、研究方法和最终成果等方面有明显的不同。教育内涵项目于 2004 年 9 月正式启动，标志着浦东教育由原来的以数量扩张为特征开始向均衡、内涵发展为特征转变。建平实验中学当时申请的项目名称是“新基础教育”推广性实验，是当时申请成功的为数不多的学校之一。

【档案 15】

内涵项目的“内涵”

（说明：此项档案材料摘自建平实验中学《浦东新区教育研究与培训项目书》）

项目价值分析：

本项研究的理论价值一方面在于深刻理解“新基础教育”理论的内涵，在世纪初中国学校转型性变革理论的框架内，提供更为丰富、生动的实践状态，在教师专业发展、学生主动健康发展等方面凸显校本化，为“新基础教育”理论的更新提供生动的素材。

本项研究的实践价值在于：借助“新基础教育”理论的指导，探索教师培训的新的途径、方式，为教师的发展提供切实可行的引领和支持，满足教师成长的需要、学生成长的需要，以教师的变化带动学校的转型性变革。

项目主要目标：

1. 通过这项研究与培训，使我校“新基础教育”骨干教师达到30%，提升教师的现代化素养。

2. 通过研究与培训，探索出较有成效的校本培训的实施方法和途径，为学校校本培训的可持续发展奠定良好的基础。

3. 通过研究和培训，使学校成为浦东新区优质的教育资源，成为“新基础教育”在浦东的研究基地。

（以上档案材料来自建平实验中学档案室）

通过档案15笔者发现，建平实验中学申请的教育内涵项目有这样两个特点：一是研究的领域是“教育研究与培训”，研究的目标主要是围绕校本培训展开论述的，也就是说“校本培训”是此项目的主要研究内容。二是研究并非原创，而是对华东师范大学叶澜教授主持的“新基础教育”的推广性研究，这就使得建平实验中学的校本培训进入了一个有着深厚的理论基础，高校专家团队支撑的新阶段。

（三）校长的更换与管理风格的改变

2003年建平实验中学的首任校长提出辞职，去创办一所民办学校，教育局任命的宋立校长到任。宋立校长给人的印象与首任校长形成巨大的反差。姜校长给人的感觉是自带光芒、不怒而威，然而刚中有柔；宋校长给人的感觉是低调谦和，遇事总是乐意与人商量，经常询问关心下属及教师的感受，然而柔中有刚。

【档案16】

校长对我的“另眼相看”

（说明：此项档案材料摘自笔者的教学随笔《我的教育叙事》）

这个学期以来，我一边教着初三两个班的语文课，还要分管毕业班，业余时间经常帮助老校长筹建的学校做一些文字工作，以及招聘、培训教师的工作，每周连一个休息日都保证不了。终于累垮了！一场重感冒之后咳嗽不止，以至于学校里我所到之处，都回荡着我的咳嗽声。最令人痛苦的是这咳嗽竟然久治不愈，有的同事开玩笑说：“你怎么像小孩子一样得了百日咳呢？注意休息啊。”

在外人看来，我的疾病似乎是由于疲劳过度造成的，但是，只有我和家里人知道真正的病是在心里。学期初，新到任的宋校长找我谈了话，他说：“姜校长跟我谈过，他创办一所新学校需要有几个得力的人去帮帮他，希望你这个学期就能过去，我很愿意支持他办学，也尊重你自己的选择。但是，我还是希望你坚持到中考结束，这里实在是更需要人，打仗最忌讳的是中途换帅，你既然分管初三了，就坚持到底吧。我和学生都会感激你的。”当时，我觉得他说得句句在理，没有什么理由好回绝的，所以就答应了。这件事情过后，我曾经一度想过，宋校长会不会认为我“人在曹营心在汉”而另眼相看，但是，相处下来，感觉到他是很信任我们几位要调走的老师的。这件事似乎很轻松地过去了，可是最大的争战却在家里发生了。

家里没有一个人同意我到民办学校去的，为了这件事，公婆竟然从千里之外赶来劝阻我。我整个人就被繁重的工作拖累着，被去留的问题撕扯着，身心交瘁。直到我又一次发烧起不来了，请假两天在家休息。没想到宋校长竟然亲自登门看望，他如此的“另眼相看”真是令我出乎意料。他表达了慰问，对于加给我的过重负担深表歉意，同时希望我理智地、全面地考虑问题，做出一个自己不后悔的选择。他说：“我有一个主张，工作是为了生活，生活不是为了工作，我希望每位教师都能积极认真地工作，但是更希望每个人都能快乐地生活。”这句话给我一种很大的震撼，为了生活的平安，为了家里的安宁，我决定留在体制内的建平实验中学了。

档案16是笔者的亲身经历，也是我人生中的一个重大事件，从当时看，影响我选择的似乎是家庭的阻力和宋校长的亲和力。但是，当笔者重新审视这件事的时候，才发现其实深层原因是自己内心深处对超负荷工作的恐惧，对安定生活的渴望。校长的更换带来了管理理念、管理风格的改变。宋校长在建平实验中学推行的是人性化的管理，一方面，这是他个人的一种性格，一种管理风格；另一方面，也是由学校特殊的发展阶段决定的。学校的首任校长在学校发展的辉煌时期急流勇退，但是他的个人魅力、影响力依然很强烈地影响着这所学校，对他的敬畏与信服是教师的一种普遍情感。如果这一时期宋校长也选择科学管理，选择强势的管理风格，很难被教师接受。因此，宋校长审时度势，顺势而为，对教师管理注重以人为本，校本培训以促进教师的专业发展为本，为学校的进一步发展赢得了新的机会。

（四）社会对“一流学校”的期待

随着建平实验中学办学规模的不断扩大，办学声誉的不断提高，整个社会对这所学校的期待也在不断提高。

从教育行政和业务主管条线来看，市区两级业务主管部门，经常会把一些具有挑战性的任务交给这所学校。如，上海市二期课改成果展、浦东新区素质教育实验校创建启动会、浦东新区校长沙龙、浦东新区教育内涵发展项目、浦东新区教研室各学科的大型教研活动等等，有些任务本身就是对教师专业发展成果的检验，而有些任务则是对教师专业发展提出了新要求。

从半官方或民间的教育交流来看，很多本市的学校和外省市的学校，甚至国外的教育考察团经常有人来参观考察，浙江省某市教育局曾经在4年的时间里，分期分批派校长和骨干教师来建平实验中学做“影子教师”，把这里当作他们的培训基地。4年的时间里，建平实验中学接待的来自全国诸多省市的长、短期培训考察的教师上千人次，面对这些慕名而来的“取经者”，“建平实验人”在自豪的同时感觉到更多的压力、更大的催逼，教师专业发展的需求日益迫切。

从家长方面来看，随着社会的进步，大部分有识之士对孩子的教育抱着理性的态度，他们固然有“望子成龙”之心，但是，他们更希望孩子能够健康成长、主动发展、快乐生活。很多家长为孩子选择了建平实验中学，不可否认是冲着学校的高质量来的，但是，他们希望学习的过程更丰富、更生动、更精彩，希望孩子不是一个考试机器，希望孩子能够全面发展。大部分家长都非常注意呵护孩子的心灵，一旦老师在教育中有些非理性、过激行为，他们的维权意识都很强。家长对学校的诉求最终都会在教师那里得以体现，这也是推动教师培训向“专业发展导向”转变的一个不可忽视的力量。

从学生来看，建平实验中学的学生如同其他中学的学生一样，是处于世纪之交的国际大都市的初中生，一方面，他们有着较为开阔的视野，有着相当的独立意识，他们也会通过少代会、教师满意度调查、学生代表座谈会等形式，表达希望教师转变教学观念、提高教学艺术等愿望；另一方面，他们自身在现有的教育背景之下又表现出一些倾向性问题：学习主动性还不够，学生往往习惯于被动接受的学习，缺少对知识内在逻辑的建构过程，缺少与生活世界的沟通，缺少生命力的张扬。有很多同学甚至把学习当成一种负担，当成一件很痛苦的事情。学生学习方式改变的前提是教师教学方式的改变，这就从教育内部对教师培训提出了转变的要求。

从教师自身来看，建校初期的校本培训，主要致力于打造一支合格、敬业的教师队伍，对教师群体发展关注多，对教师个体发展关注少。逐渐度过适应期的教师由生存关注转向发展关注，他们更愿意关注如何提升自己的教学水平，如何激发学生的学习兴趣。然而，却常常囿于陈旧的教育观念、繁重的考试压力，疲于应付，疏于学习，在"熟练的教书匠"的水平上徘徊不前。教师虽然有一定的发展意识，但是却无力突围。教师的专业饥渴盼望得到满足，"专业发展导向"的培训有了实施的土壤。

建平实验中学在充分分析了上海教育的国际化、现代化和基础教育改革不断深化的外部环境和学校面临转型性发展的内部环境的基础上，对当时的学校状态冷静分析，认为学校的工作是扎实的，但是创新不够；教师对发展是有需要的，但实践不够；对教学改革的探索是努力的，但缺乏更先进的理论指导。经过总结与反思，学校决定新一轮发展的重点定位于引进先进的教育理论，建设先进的管理文化，通过校本培训来推广"新基础教育"实验，也希望通过"新基础教育"实验来提升校本培训的功能，打造"研究型""学习型"教师团队，促进教师的专业发展，"专业发展导向"的校本培训势在必行。

二、"专业发展导向"校本培训的实践与价值

学校的可持续发展必须依托教师的可持续发展，建平实验中学从2004年以来，积极顺应办学的外部环境与内部环境的要求，适时地调整了教师校本培训的导向，从初创期的"绩效管理导向"的培训逐步转变为"专业发展导向"的培训，认真分析教师的成长需求，找出教师发展面临的主要问题，将校本培训

与校本教研、校本研修作为一个系统工程来实施，精心设计、精心施工，努力为教师的专业发展架设通道、创造条件、拓展空间、营造氛围。在具体鲜活的教育情境中，提升教师的实践智慧与理论知识，提升教师实施课程改革的能力，不断激发教师的教育热忱，提升教师的职业精神，使教师能依托于学校的发展不断反思自己、更新自己、充实自己、提升自己，和学校共同成长。

（一）架设理论与实践交流的通道

中小学教师的教育实践长期以来普遍存在着理论缺乏的问题，这一问题使得以往的教师队伍建设总是显得先天不足，发展空间受到限制。理论是中小学教师的弱项，却是大学教师、科研人员的强项；实践是中小学教师的工作常态，却是大学教师、科研人员所稀缺的资源。“专业发展导向”的校本培训，根植于学校的实践，注重专业引领，力求在实践与理论之间架设一条深度交流的通道，在理论与实践的“临近交叉区”开展理论与实践的对话，促进实践对理论的反哺，重建理论与实践的新型关系。

1. 推广“新基础教育”实验，促进教师角色重建

建平实验中学校本培训的探索是在一定的教育理念的指导之下开展的，但缺乏一整套系统的、可持续发展的理论来引领，后续如果没有高屋建瓴的系统的理论做基础，学校的发展就难以再上新高度。经过近一年的酝酿准备，学校从 2004 年开始推广“新基础教育”实验，作为学校新一轮发展的突破口，让教师的发展有更高、更大的空间。

【档案 17】

关于参加“新基础教育”实验的申请报告

（说明：此项档案资料是 2004 年建平实验中学申请参加“新基础教育”的报告书内容的节选）

华东师范大学叶澜教授主持的“新基础教育”实验以中国文化为背景，主张创建一种能够促进人的生命主动展现、主动发展的学校文化，使学校成为生命发展与创造、社会文化发展与创造的创生性舞台。自 1994 年开始的探索性研究至今，“新基础教育”研究硕果累累，在学校管理、课堂教学和班级建设上

取得了丰硕的研究成果。"新基础教育"研究不仅是一项综合的学校教育改革实践，更是一项极其关注人的生命质量的教育研究与实践，通过"成事"来"成人"，通过"变人"来实现"新基础教育"在每一所基地学校的持续发展。研究的重心主要是促进人（校长与学校领导、教师、学生）的需求提升和生存状态变化，丰富人的精神生命，提升人的健康、主动发展能力。

"新基础教育"在诸多研究领域与新课程改革所倡导的理念和做法形成共识，为那些有志于教育改革的学校和教育工作者提供了科学的、先进的理论支撑，并以广泛的教育实践为正在课改中摸索的学校提供了研究借鉴的方向或范本。

上海市建平实验中学宋校长自从参加新基础教育校长研修班以来，在学校办学过程中逐步渗透"新基础教育"的理念和做法，得到了广大教师的理解、认同和支持。学校新制定的第二个四年发展规划，明确了"以建设优秀学校文化为主线，走内涵发展之路"的办学方向，提出"教育的核心是为了学生在未来能拥有幸福的生活，卓越的工作和顺畅的事业"的主张。为了完成这项神圣的使命，做到真正关注学生，真正以学生健康、主动的发展为本，激发师生的创造激情与生命活力。学校提出申请，希望能够融入到"新基础教育"实验中来，在学校推广此项实验，通过这项整体改革解决学校在发展过程中存在的受教育者思想道德培养实效弱、学习潜能未能得到充分开发，部分干部和教师观念陈旧、专业平庸、生命处于抑制状态等问题。我们相信通过"新基础教育"实验，会使我们的思考和行动更接近于教育的真谛，使我校的综合办学水平迈上一个新的台阶，使学校的文化逐步走向优秀与成熟。

（以上档案资料来自建平实验中学档案室）

从档案 17 可以看出，建平实验中学申请参加"新基础教育"实验的目的，有这样几个关键词："变人"、理论、文化、内涵发展。与此相应，校本培训的方式也侧重于转向"人"，目的在于促进教师向更好的方向转变。笔者认为，建平实验中学的这一举措把握住了学校可持续发展的契机，抓住了学校发展的"关键"，通过有效的专业引领来促进教师生命状态的改变，促进教师角色的重建，促进学校优秀文化的形成，促进学校的可持续发展。根据上海长期以来中小学的经验，学校不乏同层级的横向支援，但缺少纵向的引领，尤其是在当今课程发展处于大变动的时期，先进的理念如若没有以课程为载体的具体指引与对话，没有课程专家与骨干教师等高一层次人员的协助与带领，同事互助常常会“萝卜烧萝卜”，自囿于同水平重复。① 申请得到批复之后，“新基础教育”实验的教育专家每月一次来建平实验中学听课指导。他们带来了全新的理论框架，带来了一些新的研究工具，带来了新的教研文化。教师们也由刚开始的陌生、紧张，甚至有些抵触，逐步适应、深入理解这项实验的内涵，理解这项实验对于自身成长与学校发展的意义。研究成员也由实验班的先行小分队逐步覆盖到整个教师团队。教师们投入到有专业引领的教学改革中来，取得了一系列成果。2005 年 4 月，建平实验中学承办了面向全国的“新基础教育实验”成果发布会，有三位教师在会上上了研讨课。2006 年，建平实验中学的教育内涵发展项目“新基础教育”推广性实验研究获得了浦东新区第四届教育研究成果二等奖。在一切显性成果的背后，还有一个最重要的隐性成果，就是“新基础教育”的专业引领带来了教师角色的重建，建平实验中学有一部分教师开始了自我觉醒、自我规划、自我反思，他们开始站在一定的理论基础上思考自己的教育教学，不再满足于做一个熟练的“教书匠”，很多人开始朝着“专家型”教师的方向努力，越来越重视自己的专业发展。

【档案 18】

在专业发展的道路上快乐地前行

（说明：此项档案材料摘自建平实验中学“共享 · 互助 · 成长”教师专业发展经验交流会张燕军老师发言稿，时间为 2007 年 8 月）

时光匆匆，岁月流逝，转眼间，从 1997 年一个流火的七月从教至今，屈指数来已然十载有余。短短十年间，火炉炼铁般的捶打使我发生着脱胎换骨般的变化：从一所普通小学到一所知名重点中学，从一名大专生到一名教育硕士，从一个平凡的小学教师到一个著名中学的教研组长，回首走过的道路，欣

① 顾泠元. 专业引领与教师发展[J]. 上海教育科研，2002，(6).

喜地看到一路跌跌撞撞走来的我，得到了诸多前辈的教诲。而在专业发展上一路快乐前行的我，正在羽翼渐丰，收获无数！

一、抓住一切机会，让学习成为专业发展道路上的"主旋律"

教书育人是一项神圣的职业，而新时期对教师的基本素质提出了更高的要求。初为人师，怀揣师专专科学历的我，自知自身的水平远远不能满足想做一个优秀教师的愿望的。因此，工作，读书，便成了刚踏上工作岗位之后的主要任务。1997 年，刚从大专毕业的我便在工作之余，边攻读高级口译，边认真准备专升本考试。"要考就考上海市最好的外语院校！"不给自己留半点退路的我终于在 1999 年 5 月以高出录取分 70 多分的成绩被上海外国语大学录取。之后的三年英语学习艰苦但收获颇丰。建平实验的工作强度很大，但是我却从不因为这而影响学业。2002 年，我以优异的成绩取得了上外的毕业证书和学位证书，并成为极少数的几位通过专业 8 级的学生顺利毕业。上外的学习为我的英语专业文化水平提升不少，但是在上外毕业后不久，"研究型教师"便成为了我专业前进路上的第二个努力的方向。2004 年，已任建平实验中学英语教研组长的我意识到了理论知识的缺乏已经成为了我引领整个教研组前进的拦路虎。因此，"上华东师范大学的教育硕士班"就成了我的奋斗新目标。2004 年正值爱妻待产，家里的新房也正值交房装修，但既然选择了荆棘路，就必然注定了要日夜风雨兼程。在无数个不分昼夜的苦读之后，我终于如愿以偿地拿到了华东师大的硕士录取通知书。华东师大的学习，让我深切地体会到了何为真正的"大学"和"大师"。中国著名中学外语学术期刊《中小学英语教学与研究》杂志主编王斌华是我们教育硕士班的领路人。三年半华师大的学习过程中，我如饥似渴地汲取着导师们所传授的本学科的教育教学理论方面的最新研究成果。在学习理论的同时，努力结合教学实际问题加以思考，并将所思所想落于笔头，一直以来对教育科研毫无兴趣的我却在诸多前辈的帮助下，在各级各类杂志上发表了论文 9 篇。在毕业时，我的硕士论文在盲检中得到了"91"的最高分，而论文答辩时"很满意"的最高评价使我骤然间信心倍增。科研能力方面的点滴进步必将鼓励着我在未来的教育教学道路上继续探索，相信自己也会在一番努力之后有更大的进步。

对建平实验,我心存感激,真诚地感谢学校给我的一切学习机会。“新区骨干后备培训班”“新区教育科研骨干培训班”“吕晓兰英语教师工作室”“上海市走进英语优质课研修班”等的学习经历使我认识了不少的优秀导师和市、区内同行,点点滴滴的教诲和思维的碰撞推动着我在专业发展的道路上继续快乐前行。

二、潜心研究课堂教学,努力使课堂“处处生花”

在提高自身英语水平和教育教学理论水平的同时,我深知课堂乃是教师的立命之所。从成为一名英语教师的那一天起,我就立志要做我所钟情的英语教学事业中的佼佼者。工作第二年,学校给我创造机会,让我参加了新区组织的“新苗杯”教学大赛。老教师手把手的指导,自身的努力以及同事的鼓励使我初战告捷,获得了“优秀奖”的最高荣誉。“新苗杯”教学大赛使我体验到了成功的喜悦,同时也让我更加喜爱英语教师这份工作。在之后的教学工作中,我开始抓住每一次学习的机会,各级各类公开课在开拓我的视野的同时,让我深知天外有天,人外有人。而对英语课堂教学艺术的痴迷则在2007年又一次将我推上了新区教学评比的舞台。2007年浦东新区中小幼青年教师教学评比盛况空前,参赛人数之多创历史新高,作为已是一所名校英语教研组组长的我头顶压力,毅然投入了紧张的比赛。经过了10年英语课堂教学磨炼的我总算没有辜负领导的期望,一路过关斩将,获得一等奖,并获得了2008年作为浦东新区唯一选手参加上海市英语新教材展评的参赛资格。2008年上海市英语新教材教学评比强手如林,由于一个小环节的失误而痛失一等奖的我突然意识到了自满情绪给自己带来的惨痛代价,在认真学习和分析其他选手的长处的同时,我认清了自身教学中所存在的诸多缺点,并制定了一系列改进的措施。终于,经历了磨炼和蜕变之后的我在第三届全国初中英语教师教学优秀课展评中荣获了一等奖的最高荣誉。在教学路上一路走来,诸多教师给了我太多太多的帮助,浦外特级教师吕晓兰老师、新区教研室的资深教研员章于力老师,以及各兄弟学校的教学骨干给予我的帮助我将此生铭记。大爱不言谢,我想将所学服务于今后的教学将是对他们最好的回报。

三、率先垂范,努力成为教研组同行前行的"领路人"

在教学和科研方面取得些许成绩的同时,学校所委于的教研组长的重任我也丝毫不敢怠慢。面对这样一个拥有30多人的教研大组,设计一系列的促进教师专业发展和提高学生能力的活动则成为了我教研组工作的创特色之路。近几年来,先后策划组织了"英语课堂教学设计大赛""英语课程资源开发研究""高年级英语作文指导"等一系列主题教研活动。在活动过程中,教师们积极动脑,热情参与,组内一大批青年教师在活动中锻炼着自己的才干。近年来,英语组教师们在各级各类的教学评比中开始开花结果,在全国、上海市,以及浦东新区的青年教师教学评比、教学设计大赛等活动中捷报频传。2007年,我校英语组由于表现出色被评为"新区文明岗",而2009年,我组又被评为"新区青年突击队"。

建平实验学生"英语演讲比赛""英语小品比赛""英语歌曲比赛"等系列活动的开展为我校挖掘了一大批英语学习的好苗子。2007年上海SSP英语竞赛,我校获得了两个一等奖,两个二等奖,创历史最好成绩。而在前不久结束的上海市"白兰氏"杯上海中学生英语情景剧创作大赛中,我校突出重围,得到了上海市"二等奖"的好成绩。我想这些成绩的取得,与学校的这些英语活动是密不可分的。

教研组工作的些许小成绩使我在教研组建设方面的工作干劲十足,但是作为一个年轻的组长,我想我还需要很多的帮助。从事着自己喜欢的英语教学事业的我无比幸福,真心地希望在得到指导和帮助后的我能在今后的工作中取得更大进步。

平凡的教师职业做着的是不平凡的事业,作为一名在专业成长的道路上得到过那么多帮助的年轻教师,我想我没有理由不爱这份工作。"以恋爱般的心态投入每一天工作",抱着这样一种心态工作的我们,相信必定会在各自的平凡岗位上熠熠发光。

(以上档案材料来自建平实验中学档案室)

档案18体现出一个优秀的青年教师是如何在不断追求中成长,在不断研究中创新,在不断历练中前进的专业发展过程,这不是一个个例。这一时期,建平实验中学不少教师意识到应该突破“瓶颈现象”、突破自身的惰性和因循，唯有保有持续更新的专业自觉，才能站得高，才能走得远。当老师们欣喜地发现自己的理论知识不断丰富，专业素养持续提升，育人能力明显飞跃，精神家园不断净化时，他们更加乐此不疲地坚守职业理想，职业幸福感也在不断提升。

2. 市文科教研员“蹲点”指导，改变课堂教学面貌

2004 年春季开始，上海市教研室 14 位文科教研员在建平实验中学进行了为期一年的“蹲点”调研指导。各位教研员不仅深入课堂听课、评课、座谈，从理论上进行高屋建瓴的指导，而且亲力亲为，自己走上讲台上示范课。经过一年的指导，建平实验中学文科教师更加快速地成长，在教学实践中努力改变自己的教学方式，培养学生“自主、探究、合作”的学习方式，课堂教学面貌有了很大的改观。有些老师开了市级的观摩课，多位教师参与新教材的修订和评价工作。

这一时期建平实验中学校本培训、校本研修的主要特点是强大、深厚、扎实的专业引领，专家们带来了理论，使理论通过教学实践逐步内化到教师的素质框架当中。从这一时期起，建平实验中学的教师开始接受理论的指导，加之“新基础教育”理论的引领，一部分教师的理论思维能力不断增强，理论素养有所提高，开始由传统的课程被动执行者向研究者、创造者转化，由教学中的“唯一主角”向“平等中的首席”转化。

【档案 19】

一路走来一路歌

（说明：此项档案材料摘自建平实验中学“共享・互助・成长”教师专业发展经验交流会王力涓老师的发言稿，时间为 2012 年 11 月）

我在教育的舞台上表演了二十余年，如果说偶尔也有精彩的话，那也是因为有你的陪伴。心中的感慨和感激一言难尽，请允许我用三句歌词表达自己的心声……

师友篇——感恩的心，感谢有你

能走进教师队伍，并能带着自信与快乐一路走来，真的要感谢你……

你是给孩童时的我信心和勇气的爸爸妈妈，你是给读书时的我赞扬和鼓励的老师，你是给成为教师的我肯定和赏识的每一位校长……

当然，还有你，美丽的建平实验人——你是我默契的搭档，常常见到你乐此不疲地往返于办公室与教室间，与我们一起探讨教育方法，分享学生进步的喜悦；你是我亲爱的语文组同仁，你的敬业乐业、你的博学多才、你的虚心好学、你的无私奉献、你的支持赞赏都给我巨大的鼓励；你是我可敬的领导，你通过各种方式表达对我认真工作的肯定，一句温暖的问候就足以带给我更大的动力；你是我前进路上的指路人，你真诚、及时而中肯的建议，让我反思警醒，不断进取，精益求精。

感恩的心，感谢有你！正是在你们的鼓励、赞赏、帮助和扶持下，我才自信而快乐地耕耘在这块教育的沃土上。

书刊篇——你的柔情我也能懂

你是我教学生涯中不离不弃的大朋友，你有很多名字：《中学语文教学参考》《语文教学通讯》《中学语文》《教育是慢的艺术》《语文教学最需要什么》等等。

初涉讲台，你就通过白纸黑字引领我了解教学的真谛，聆听大师的教诲，学习同仁的经验。通过你，我懂得了用爱心对待每位学生，用真诚、理解、包容、耐心去感化、关爱、帮助他，让他身心健康，快乐成长；通过你，我懂得了用欣赏的角度去听每节课，每位老师都学有所长，我要取长补短，才能完善自我；通过你，我懂得了用认真的态度去对待每一节课，把家常课当作公开课，踏实认真的努力必能赢得学生的尊重；通过你，我懂得了用长远的眼光看待教育，不急功近利，不哗众取宠，教书育人真正结合才能培养合格人才。

通过你，我与众多素未谋面的大师对话，幸运的是，建平实验把许多大师请到了我的面前——于漪、叶澜、秦文君、步根海、李政涛、刘京海、范守纲、王崧舟等等。大师专家们深刻的思想、鲜活的案例、生动的语言、深入浅出的理论，常常让我耳目一新，茅塞顿开。于漪老师“一生学做教师”的谦逊，叶澜教授“把课堂还给学生，让课堂焕发出生命的活力”，步根海老师语文课堂要“沉浸、体验、感悟、思辨”，专家们热爱教育、勤于思考、勇于实践、真情投入、谦虚务实的精神，像夜空中璀璨的明星，给我引导，促我奋进。

所以，我想说：你的柔情我也能懂，在你先进的教育理念、成功的优秀案例指导下，我的教学少走了很多弯路。

学生篇——遇上你是我的缘

终于成为了一名光荣的人民教师，但我知道，严格意义上说，我仍然是个学生。于是，我虚心拜师，不断探索，在“老师”和“学生”这两个角色中穿行。我很快适应了教师岗位！而让我真正学会做老师的人，还有你——我的学生！

20世纪90年代的课堂还是很中规中矩的，为了让你们更爱语文，我便大胆尝试：从课前活动到系列活动，深受你们欢迎。但我的步伐毕竟很有限，直到来到建平实验，我才大开眼界。再次回归“学生”角色，如饥似渴地学习这里先进的教育理念，“大语文”“多元课堂”“自主、合作、探究”“新基础教育”“主体参与”等一系列词语冲击着我，我欣喜，因为我可以自信地继续实践。于是就有了你们喜欢和期待的课堂——

一是作文评点课，我只是设计了几个开放的环节，给学生搭建了展示智慧和才情的舞台，我亲爱的孩子们，你们的佳作、你们的慧心和灵感，给了我无限满足的回忆！到建平实验十年，我带了四届，每一届我都上过作文讲评公开课，区级研讨、建平实验杯、与张江实验交流学习等等，尽管作文主题不同，训练点不同，但你们的表现都一样出色——高高举起的小手，充满自信的表情，准确流畅的表达深得专家和兄弟学校老师的认可。

二是课外文言文拓展课，一双双期待和鼓励的眼神望向讲台，你们在认真聆听小老师讲课。台上的小老师有的腼腆，有的自信，但都极其认真，你们对我的要求心领神会，认真落实，连教案都写得内容明确环节清楚。你们珍惜表现自我的机会，也常常给我带来惊喜。

在我的课上，你们是绝对的主角，真正的主体。而我除了做教学的组织者、引导者和合作者之外，更要做一名欣赏者。这种课型，是你们开拓思维、汲取知识、提高表达能力、提升心理素质的最好平台。

当然，课文讲析、课本剧表演、诗歌诵读等课型中，也常常见到你们活跃的身影……

你们给过我无数令我难忘的课堂。有位教育大师曾满怀深情地说：“我与教学，课前有一种期待，课中有一种满足，课后有一种留恋，我对课堂充满感恩。”要我说，对课堂的感恩就是对学生的感恩。

我幸运，有那么多热爱学习的孩子，你们单纯、真诚、乐观，你们对老师尊敬、理解、信赖，你们对我的语文课堂期待、热爱、留恋。正是你的神思灵动神采飞扬让我陶醉其中，让我自信满满。

遇上你，是我的缘；守望你，是我的歌——

守望这群充满活力的学生，守望这承载责任的三尺讲台，守望这个充满激情的校园，守望这个充满学术气息的学校……

在守望中不断前行，在前行中伴着歌声，这是一首爱之歌，爱教育、爱学生、爱生活，我将带着这份爱走进焕发生命活力的课堂，力争让我的课堂成为引起情感共振的纽带，有“云光侵履迹，山翠拂人衣”的和谐，有“随风潜入夜，润物细无声”的默契；让我的课堂成为敞开温情的怀抱，有“正是江南好风景，落花时节又逢君”的体验，有“不知细叶谁裁出，二月春风似剪刀”的呵护；让我的课堂成为点燃学生智慧的火把，有“年年岁岁花相似，岁岁年年人不同”的提醒，有“长风破浪会有时，直挂云帆济沧海”的激励……

感恩的心，感谢有你——我亲爱的师友、我可爱的学生、我热爱的课堂、我美丽的建平实验……

（以上档案材料来自建平实验中学档案室）

档案19反映出王老师为代表的一批教师在“新基础教育”理论的引领下，在专家名师的深入实在的近距离指导下，教育理念、教学方式、课堂样态都发生了颠覆性的变化。他们开始把学生的需求作为课堂设计的逻辑起点，课堂的创设发端于学生的需求、生成于学生自主学习的过程中，为学生提供了丰富、多元的选择。所谓珍视每个生命个体，就是尊重差异，按需而教。“自主、合作、探究”的学习方式，鼓励学生展示自己独特的视角、丰富的思想、各异的追求，追随各自内心的微光，在适合自己的轨道中自主而快乐地学习，保证了持续探究的求知兴趣和学习动力。课堂教学样貌的改变，让教师在学生体验成功的愉悦感的同时提升了自身职业的成就感，师生共享生命的丰盈和幸福，成就他人的同时其实也成就了自己。

（二）建构多种教学实践与研究的平台

1. 完善学习平台

建平实验中学认识到教师自主发展与学生自主成长的密切关系，倡导教师保持一种自主的学习状态，不断实现自我超越。借助自主学习不断更新教育观，更新知识结构，制定相应制度，鼓励教师参与高层次的与本学科相关的学术活动。

一是向书本学。学《课程改革纲要》、学《新课程标准》、学《“新基础教育”研究丛书》，学教育期刊上有关教改的文章，了解课改动态、领会课改精神。其中《新课程标准》《“新基础教育”研究丛书》人手一套。每个教研组召开专题会议，研究新课程标准的精神，研读、讨论“新基础教育”的理念。学校每年组织“同一本书”全校性的读书活动，把重要的教育理论与实践书籍送给每位教师做案头书、枕边书。每个人寻找自己的阅读伙伴，共同阅读、讨论同一本书。同样的阅读经历，带来了信息的互换，产生了情感上的共鸣，碰撞出思想的火花，达成理解上的共识，做到精神上的互励。建平实验中学努力营造富有书香气的校园和家庭，塑造充满书卷气的教师，培养洋溢书生气的学生。教师和学生把阅读当成一件最美好的事情来做，共享阅读体验。

【档案 20】

相信学习的力量

（说明：此项档案材料摘自建平实验中学“同一本书”读书汇报会程老师发言稿，时间为 2006 年 5 月）

相信大家看到我手中这本《“新基础教育”论》，第一印象肯定和我一样：“望而生畏”。这么厚一块砖头，还是纯粹的理论，难度系数太高了。但是当初在赵老师殷切目光的照耀下，伴着“这是一本非常有研读价值的书”的评语，我硬着头皮翻开了这本大部头。

作为《世纪之交中国基础教育改革研究丛书》的入门之作，这本《“新基础教育”论》共有三编12章，主要分为“当代中国教育变革的社会基础论”“当代中国宏观变革论”“当代中国基础教育学校重建论”三个部分。单看这几个标题也会让人望而却步，然而，当我硬着头皮读下去的时候，原本模糊的“新基础”在我的脑海里逐步清晰起来了，平时的许多教学中的困惑都找到了答案，我决心一定要把它读完。现在，我告诉大家，我真的读完了，我还要告诉大家，读和不读真是不一样！

为了更好地理解“新基础教育”的理念，读书之余，我请教了我校初三年级英语组具有丰富教学经验，并且曾经亲身参与“新基础教育”研究的崔老师。崔老师一如既往，非常慷慨地和我分享了她的研究心得。她一针见血地指出，“新基础教育”研究的理念就是“把课堂还给学生”，相信学生自身所具有的学习的力量。这一观点和我在阅读过程中积累的点滴感受不谋而合。

听了她的话，我决定自己上一堂把“课堂还给学生”的听力课。平时我对听力教学不能说不重视，但往往止步于“多听，多练，多感觉”的阶段，学生也没有太大的兴趣。而这堂听力课我并没有直接给学生听内容，也不是开门见山地进行听力策略指导，而是让学生自己去发现在听力过程中需要注意的一些要素，再将学生的意见归纳成听力策略，辅以设计好的练习。学生的学习能力在发现和总结规则的过程中被激发，课堂学习效率也得到了有效提升。

这个案例让我印象深刻的另一个原因是，我深深地体会到了学习的力量。教学并不是做月饼，把面团放进模子里压成一模一样的就行。学生就像种子，学习是他们的天性，如果教师能进行恰当的引导，就能激发出强大的课堂生命力。

（以上档案材料来自建平实验中学档案室）

档案20是一个青年教师的读书汇报，如同她发言的标题，透过这份档案，我们看到学校搭建的学习平台，给教师带来的最大改变是“他们相信学习的力量”。这位老师从学习中尝到了“甜头”，实际上理论的价值不但在于“操作”，理论更重要的价值在于给人以精神和气质的熏陶、智慧和思维的启迪、思想和理念的提升。[1] 由于学习平台的建构,老师们不再拒绝读书、不再拒绝理论。他们从书本到课堂,从理论到实践,从茫然无知到心中有数,从畏难情绪到积极行动,老师们专业视野越发开阔,专业发展的主动意识越来越强。学校也逐步把零散的、随机的学习活动梳理、提升为“基于信息反馈、基于反思、基于共享”的系统的组织学习。

二是向专家学。除“新基础教育”的专家、教研员之外,建平实验中学经常邀请教育专家来做报告或指导教学,每年都不少于10场。他们不但帮助教师更新理念,以自己研究的精华给教师以启迪,更以自身的人格魅力给教师以感召。

【档案21】

做一个有思想的老师

(说明:此项档案材料摘自建平实验中学“共享·互助·成长”教师专业发展经验交流赵悦老师发言稿,时间为2012年11月)

我在2003年的8月来到了建平实验中学,一晃九年的时间过去了。九年中我看到了许多新鲜的东西,也感受到了新的理念在教学中实施的重要性。

思想有多远,我们就能走多远!做个有思想的教师,心中才有梦想,胸中才有信念,才能坚守教育的良知与底线,勇敢地与现实和困境抗争,懂得去尊重学生的地位、人格与潜能,关注教学的细节并反思教学的问题,才能确立正确的教育价值观,才能通过我们的身体力行去激发学生终身发展的愿望和能力,教给他们安身立命的本事。教师的教育思想是教师的灵魂。

教育思想源于永无止境的学习。常言道“活到老学到老。”终身学习很重要。进入建平实验后,每年的暑假培训总能让我听到许多专家的讲座,学习新的教学理念,掌握新的教学方法,为自己的教学提供了有力的理论基础。平时教工大会也不缺让我们有“充电”的机会。上海市教委教研室副主任陆伯鸿的《有效教学的几点思考》的报告,生动地阐释了课程改革的理念以及操作层面

① 余文森,吴刚平,刘良华主编.探索以校为本的教学研究[M].上海:华东师范大学出版社,2005:11.

的问题，让我对课程教学改革有了深入的认识；特级教师张展英的报告让我明白了教育的最高境界是“曲终人不散，江上数峰青”；中国浦东干部学院李冲锋教授的报告《大爱教心》让我明白了“关注学生的内心世界，关注学生的内心成长，让学生从心理上真正独立，在人格上真正站立，教育才能够真正成功!”这些思想和理念如一泓清泉滋润着我的心田：外面的世界是如此精彩，我要学的还有好多好多呢。

（以上档案材料来自建平实验中学档案室）

校本研修之旅一路风景，或壮观或绮丽，有震撼有感动，每一个瞬间都平滑地融入了教师们的生命中，产生化学反应，带来启迪与改变。从档案21赵悦老师的分享中，我们不难发现，培训的收获并非数个值得借鉴的案例，也非多少可以共享的策略，术的掌握不如说是道的提升，点点滴滴、潜移默化中，老师们的视野在拓展，积习在融化，观念在突破，胸怀在开放。

三是向实践学。建平实验中学经常派教师外出听课学习，买回课堂教学录像，组织教师们观看，研究特级教师是如何诠释新理念、建构新课堂的；也经常邀请全国著名的特级教师来学校上示范课，与老师互动交流，让老师们有更多的机会与名师对话，感受名师的魅力，感受魅力的课堂。老师们边学习，边实践，让课堂真实地发生改变，让学生也在潜移默化中发生改变。

【档案22】

平凡中的幸福　简单中的满足

（说明：此项档案材料摘自建平实验中学“共享·互助·成长”教师专业发展经验交流会刘丽秋老师发言稿，时间为2015年5月）

诗中有云“十年磨一剑”，在做心理教师的十几年中，我一直有一个简单的想法——要以不断学习的态度面对自己的专业成长。转眼间十多年过去了，正是这个简单的念头让我坚持下来了，今天带给我平凡中的幸福，简单中的满足。

首先，我在课程创建中提升。心理课程既包括课堂，也包括咨询、社团等活动。课堂活动，有利于集中系统地将中学生面临的心理烦恼和困惑，集中梳理和解决。在课堂上，我根据每一届学生心理的共性与差异，创设不同的心理主题课，通过活动设计的形式，引导学生们参与、讨论，将自我思考和同伴互助结合起来，将疏导解决和提前预防结合起来。我会将教学选材不断进行补充更新，一般我都会选取社会关注点比较高或者是比较特殊的、与课程吻合的真实案例进行分析，容易引起学生兴趣。我会根据季节变化引起的心理变化来安排教学。比如，进入深秋，人的情绪容易忧郁，“认识我们的情绪”这节课我一定会在9、10月上掉。春天万物复苏，也是学生情感萌动的季节，那么“萌动的青春情”这节课我都会选在4、5月来上。多年的经验我发现，初中阶段的学生对于友情的看重程度极高，不懂得与同学相处的学生容易被孤立，被孤立的学生就容易产生各种问题，所以，我把友情这个内容设置两课时，从人际交往的白金定律到谁是你真正的朋友，设置不同环节，尽量使这些内容走进他们内心，使他们有所感悟、收获。

其次，我在培训学习中发展。心理教师是一门专业性很强的职业。因此，需要不断学习，才能得到更好的成长。工作十五年，我参加了很多次培训，各类培训不仅开阔了我的眼界，而且对我的工作有很强的实践指导意义。除此之外，我还会关注最新的心理学领域的研究成果，如积极心理学就被我运用到课程中，为学生所用。

再次，我在同伴互助中成长。作为我们学校的心理老师我觉得并不形单影只，我幸运地拥有很多高水平的领导和同伴。因为你们的支持，让我感觉前行的路上，我不是一个人。在我们共同研究、分析学生问题，寻求解决方法的过程中，我从你们身上也收获了许多智慧和力量，我们在付出中共同成长。

在我们共同的努力下，那暑假要离家出走躲避爸爸暴力管教的小李，性格各异、互不相容的三兄妹，恐惧学校、不能上学的小陈，不想做女孩的小赵，还有很多很多遇到过困难的学生们都产生了可喜的变化，我相信他们的改变和进步是我们共同的快乐！

（以上档案材料来自建平实验中学档案室）

“纸上得来终觉浅，绝知此事要躬行”，对于一个教师来说，革除积弊的最好方式是行动、是建设、是实践，带着热爱、带着使命，重新出发。档案22是心理学科刘老师在课程创建、培训活用、同伴互助中提升、发展、成长的心得，揭示出直面教育现场、躬身实践先进理念的重要性。学问是硬碰硬的执着，吸收借鉴谁的思想都要加上自己的独立思考。"怀揣云端漫步"的梦想无疑是专业发展的动力，而踏踏实实地"紧贴地面远行"更是为师之本。老师们将所学的理论知识、经历的教育实践、梳理的教育困惑、撰写的教学反思积累下来，切磋琢磨，不断深化对教育教学规律的认识，不断调整自己的教育教学行为。

2. 夯实研讨平台

建平实验中学这一阶段的校本研修强化研究态度，突出问题意识，淡化比赛色彩，将轰轰烈烈的运动式研讨日常化、平常化。要求各教研组每学期在"新基础教育"理念的指导下，完成"六个一"教研活动：每人上一节研究课，每人指导一门探究课，每组举行一次教学圆桌论坛，开展一项课题的研究，建立一个资料包（包括教案、课件、相关资料、单元测试题、教学反思），策划一次学科趣味竞赛活动。这既是对教研组和教师的工作提出的任务单，又是对教师进行业务考核的重要内容，有利于研究项目在常态下真实发生。

建平实验中学每个学期都要组织课堂教学研讨会及学科论坛、校本课程开发研讨会、课题研究交流、验收会议等活动，组织教师将每一次论坛研讨的经验和成果进行自主性、多层次多方面的后续研究，充分利用每一次专题论坛的资源。后续形式包括：反思性后续，教师针对上课出现的问题进行口头反思；重建性后续，通过再上一堂课或多堂课，在实践中改进和提升自我；写作性后续，鼓励上课教师和听课教师撰写课例、案例、反思随笔和听课小记。

上述活动夯实了建平实验中学的研讨平台，一段时间内，自由研讨、自主研究蔚然成风，"关注师生共同发展"的理念深入人心。

【档案 23】

同伴互助促成才

（说明：此项档案材料摘自建平实验中学"共享·互助·成长"教师专业发展经验交流会王佩芳老师发言稿，时间为 2011 年 5 月）

时光流逝，在不知不觉中，来到建平实验已有 8 年了。回顾这 8 年的教学生涯，其间的艰辛使我难以忘怀，而成功的甘甜更使我难以忘却！其中最具心得、最具收获的还是对于“同伴互助”的认识。

同伴互助指在两个或两个以上教师间发生的、以专业发展为指向、通过多种手段开展的，旨在实现教师持续主动地自我提升、相互合作并共同进步的教学研究活动。同伴互助是一种典型的依托群体支持的个体活动，是同事之间合作进行的协作性反思。它既是校本研修的一种重要形式，也是教师专业发展的一项有效策略。更重要的是，同伴互助有助于突破学校中教师之间的相互隔绝，形成一种相互协作、相互支持、相互促进的教学研讨氛围，有效地促进教师在互补共生中成长。

同伴互助使我的专业发展有了质的飞跃，它使我从一名普通的中学高级教师成为了区骨干教师、上海市名师后备老师、区中心组成员、区职称评定专家委员会成员、上海市教师研究委员会成员。在此，我首先要感谢一直以来培养、关心、支持我的领导、老师们，其次我更要感谢体育组和地杰国际校区这两个优秀团队中的每一位老师，是他们用自己的和气、才气和士气，营造了同伴互助的良好氛围，成就了我从成熟教师到专家型教师的蜕变。

同伴互助的形式很多，下面我想从四个方面来与大家分享我的一些收获。

一、帮扶式的同伴互助，丰富了新教师的实践经验，提升了我的反思研究能力

帮扶式的同伴互助过程就是师徒共同成长的过程，刚刚走上工作岗位的新教师因实践经验不足、教育技能不够娴熟而感到重重困难，非常渴望得到有经验教师的指导和帮助。而有经验的教师通过让新教师深入自己的教育实践，在观察、学习、体会、领悟的过程中学到了组织各项活动的技能，丰富了新教师的实践经验，加速了新教师的专业成长。与此同时，有经验的教师也在指导新教师的过程中不断反思和调整自己的教育行为，提升自身的反思能力和理论联系实际的能力，使自身的原有经验得到进一步的梳理和提升，使自己成长为一名研究型教师，提升反思研究的能力。

来建平实验的这些年来，带教了较多的徒弟，带教的过程给我带来了更多的挑战和压力，使我在不断学习与研究中成长。例如，有一次在听新教师“单

杠课”的教学活动中，发现部分学生都站在一边，而新教师也感受到他们的退缩与不敢做，尽管新教师使出了浑身力气，但最终还是因为学生对于单杠的恐惧和信心不足，导致课堂教学失败。针对这一问题，我组织了3位新教师进行研讨分析：单杠教学中要特别注意什么？如何克服学生练习单杠的恐惧心理？如何激发学生练习单杠的兴趣？等等，敞开心扉的研讨使新教师对单杠课有了新的认识，在目标和做法上进行了合理调整，将学生的保护与帮助方法的学习放在了第一位，并采用了分层的学练方法和教师的个别辅导与教师直接保护帮助学习较困难学生进行教学。这样共同探讨、解决具体问题的过程，使我们经历了一个在自然状态下的行动研究过程，不仅使我们都获得自我教育和专业成长，而且大大增强了我们的工作热情及学生学习的积极性，从而不断挑战自我，向更高层次发展。

二、合作式的同伴互助，提高了教师的教育技能，提升了我的专业素养

教师的专业成长更多的依赖教育实践的磨砺和积累，教研组是教师们学习、交流的主要平台，教师专业素质的提高离不开教研组内其他成员的支持和帮助。我们组通过“一课三研”的磨课活动，为教师们创设学习交流、平等对话的教研氛围，形成教研组内合作式的同伴互助关系，在“备课—听课—说课—评课—议课”活动中提高教师的教育技能，提升专业素养。

如我的一节题为侧手翻的市级两纲教育研究课，就是在教师们多次的研讨中不断完善和丰富的。在“一研”时，活动设计上两纲教育主题不够突出，每一环节的衔接比较牵强，通过大家的交流和寻找问题的症结，设想解决问题的策略，然后再次设计方案，观摩教学活动，并作反思，使大家的不同观点、不同想法不断碰撞，逐渐理清思路。在“二研”时，教学思路已经较清晰，并能较好地把握了课堂主题，整个教学过程由浅到深，层层递进，环环相扣，教学的重难点也得到了很好的突破。这时，又提出了新的思考：在侧手翻教学中如何丰富学练手段方法，激发学生学习的兴趣，使学生较好地掌握侧手翻动作呢？带着思考大家再一次审视修改教学活动，进行了“三研”，最后我的课得到了市体育特级教师、教研员、专家的肯定和同事的称赞。

三、分享式的同伴互助，实践了教育观念的转化和内化，提升我的理论

素养

分享式互动活动，改变了以往枯燥无味的你讲我听式的学习方式，变被动为主动，使每个人都成为活动的主体，每个人都在参与，每个人都在反思，每个人都从中受益。在这一过程中，教师自然感受到群体智慧的作用和分享的快乐，以往很难理解与接受的观念及做法，在与同伴的交流和碰撞中一时间变得豁然开朗，在分享与体验中转变教育观念，有效地提高了教师的理论素养。

例如，在“主体参与・促成长”同课异构教学的分享活动中，我们进行了不同年级教师针对自己年级学生大单元内容的教学，然后请每一位执教教师谈谈课的设计与上课的感受。通过讲述大家深切地感受到，本次分享式同伴互助的教研活动积极贯彻了“主体参与”的理念，充分发挥了教师的积极性、主动性和创造性，营造了良好的学习、研究氛围，进一步深化和推进了课程改革，促进了体育组教师的同伴互助和专业成长，为“主体参与”，培养健康、智慧、自主型的学生奠定扎实的基础。

四、自由式的同伴互助，改变了教师的教育行为，提升了我的科研能力

自由交流是一种轻松、自然的教研形式，这种交流随时随地可以进行，深受教师们的喜欢。因此，我比较注重为教师之间提供交流的机会，引导教师研究自己身边的教育案例，通过剖析、反思、互相启迪，不断进行思维碰撞，转变教育行为，提升教育理念。

例如，在女生的侧手翻课上，由于学生们的侧手翻动作掌握普遍较差，且有些学生由于没有自我保护意识，也不懂得如何保护自己，都重重地甩在了垫上。针对这些问题，我进行了两纲教育——生命教育的案例研究，并与其他老师交流侧手翻课上学生自我保护的情况，以共同研究对策。最后，我罗列了侧手翻课上可能发生的7个问题、产生的原因、对策、安全提示，并把它贴在黑板上。上课练习过程中学生们的保护与帮助意识得到了很大的提高，但摆腿的方向、自我保护意识体现还是不够明显。于是，我让学生仔细观察我的示范，着重观看我的摆腿方向和速度，强调学生自我保护时支撑不能松，让学生一旦支撑不住就要迅速低头含胸滚翻保护自己。学生们仔细观察后又认真地去练习了，这时，学生们互帮互助、积极研讨、互相鼓励，并采用了一系列的辅助练

习，效果显著。这种通过自由式的交流使得教师的个体智慧在教学研究中得到碰撞，教育理念在行为反思中得以内化，教育技能在案例分析中得以提升。

总之，“同伴互助”能让新教师快速成长、青年教师脱颖而出，而且能让有经验的老师有质的飞跃。“伴”是集体的智慧，“助”是集体的精神。愿“同伴互助”使我们更具智慧，因为只有智慧地化解各种教育问题，创造性地投入工作才能享受教育带来的幸福和欢乐。

最后，我想用这样几个词结束今天的交流：人人有才、人无全才、扬长避短、人人成才。

（以上档案材料来自建平实验中学档案室）

档案 23 王佩芳老师的交流不仅展示出她由一名普通的高级教师蜕变为专家型教师的惊人的个人成长力，更体现出一个教研组智慧共享、经验辐射的感人的团队凝聚力。此阶段的校本研修更注重解决教师教学中的实际问题，在王老师的引领下，该组确立了明确的教研主题，制订了合适的教研目标，设计了可行的教研形式，记载了完整的教研过程，进而丰富了教研形态，提高了教研效益，提升了教研质量。研讨平台的夯实缩短了职初教师的成长期，突破了成熟教师的瓶颈期，它使年轻教师的动力得以提升、学力得以增长，资深教师的经验得以梳理、精神得以传承。它淡化了竞赛意识的日常探讨氛围的形成，让各教研组成为了学习的共同体、变革的共同体、研究的共同体。

3. 构建交流平台

建平实验中学注重校际互动交流，扩大辐射效应，充分利用已形成的品牌资源和品牌效应，与国内外或地区兄弟学校进行多种形式的互动交流，针对性、连续性、有效性、发展性地发挥校际互动作用。

建平实验中学国外或地区交流的项目有：中国香港友好学校交流，中国台湾教育文化交流，新加坡友好学校交流，女篮国外或地区交流项目，学生乐团国外或地区交流项目等。

国内的交流项目有：“走进来”的有浙江省台州市名师代培项目，华师大校长培训中心教学考察定点单位，各省市教育考察团等。“走出去”的主要是市内名校交流，课改基地学校交流，参加全国教育学会各学科专业委员会的学术会议等。

校内的交流项目有："共享・互助・成长"经验交流会。教师们或讲述自己的经历，或研究同伴的经验，共同分享成长的经历，互相取长补短，共同成长。

【档案24】

咱们的老胡

（说明：此项档案摘自建平实验中学"共享・互助・成长"教师专业发展经验交流会王韶美老师发言稿，时间为2008年10月）

我先谈谈领导眼中的老胡：

1. 为学校的安定工作做出了很大的贡献。

2. 学校的教育资源。每个教师的专业发展离不开专家引领、同伴互助、自我反思，其中，老胡作为一个同伴，起到了类似于专家的作用。专家们的理论知识深厚，与实践有一定的距离，而老胡的实战经验似乎更有可操作性和可借鉴之处。

3. 可作为一种现象来研究。

老胡来到建平实验中学后，从最初的不露声色到后来在一次次中考中脱颖而出，似乎成为一个神话。只要学生交给了老胡，基本上就像吃了定心丸。还有就是老胡对班级学生的发展状况的分析，真正做到了有理有据，同时也给领导们很大的启发，为领导们了解一个班级的整体状况提供了一个可操作的方案。这里除了一些我们大家都看得到的现象，诸如老胡一定是班主任当中到校最早的几个之一，老胡不达目的不罢休、一丝不苟的敬业精神，勤奋好学的态度，相信还有一些我们所不了解的"独门秘笈"等待我们慢慢发掘。在准备这篇发言稿的过程中，我了解到老胡在教学中经常跟着学生的节奏"起舞"，她知道学生最感兴趣和最不感兴趣点所在，知道在数学课堂中仅有严谨对初中学生而言是不够的，于是"时尚"和"幽默"的元素被老胡引用到课堂中来，老胡用自己的智慧使学生学得有效而又快乐。

再来谈谈同事眼中的老胡：

一个喜爱流行歌曲的老胡，一个永不落伍的老胡，一个爱说爱笑的老胡。

我们再看看学生眼中的老胡：

我了解下来学生对老胡的态度基本上是由最初的敬畏发展到最后的敬爱，敬畏源于老胡的严格，敬爱源于对老胡的了解。

家长眼中的老胡则是一个真诚的有着良好专业素养的教育者。

……

在写这篇发言稿时，我又仔细地解读了老胡，成功的背后一定有原因，我似乎也慢慢感觉到一点，希望能接过老胡手中的接力棒，和我们备课组的全体老师们共同努力，让自己教得快乐而有效。

（以上档案材料来自建平实验中学档案室）

档案24的内容反映出建平实验中学在校本培训当中注重搭建校内交流的平台，充分挖掘校本培训的校内资源，引导教师研究、欣赏身边的同事，从自己的同伴那里获得帮助与挑战。每一个教师既是被培训的对象，同时也是一种培训的资源。此项培训的可贵之处在于引导教师关注"分数后面的东西"，透过外显的中考业绩，深入挖掘身边成功教师内在的专业技能与专业情感，实现了"绩效管理导向"向"专业发展导向"的过渡。

建平实验中学定期选派一些教学骨干，或是赴境外学校短期访学，或是对兄弟学校的教师进行带教，或是面向自己的同行分享成长体会。交流开阔了教师的视野，激活了教师的思想；共享丰富了教师的经验，消解了教师的职业孤独，也对教师成为"学习者""研究者"起到了促进作用。

4. 搭建展示平台

建平实验中学在校内为教师搭建了"案例展示"和"3·18"课堂教学开放日两大展示平台。

为了让教师们学会总结与反思，学会把教育教学中的实际问题结合相关的教育理论加以研究和探索，把平凡而普通的教育教学工作从实践上升到理论，最终达到提高教育、教学效益的目的，建平实验中学制定了案例展示制度。利用每周五政治学习前的10分钟，从教研组或年级组中轮流推出一名教师进行案例展示，并指定一名教师上台点评。几年下来，学校积累了300多篇教学案例，学校择优编辑出版了《建平实验中学优秀教学案例集》，并推荐发表一些案例，使教师们有机会展示自己的教学成果与经验。

“3·18”课堂教学开放日是建平实验中学的一个传统研修项目，每年的3月18日前后的日子里（避开双休日），学校都会向家长全面开放课堂，在一个上午规定的时段里，全校所有的课堂都面向家长开放，向与会的专家、家长代表1000多人展示各学科的课堂教学改进情况，在教育的内部、深处、细节上接受来自家长的评价。家长们通过观摩课堂教学、参与学生活动、进行分组讨论、与校领导直接对话等形式，来关注教学，了解孩子的学习状况。

两项展示制度都是面向全校教师的，覆盖率预计在三至五年内可以达到100％。建平实验中学通过这两项展示活动引导教师形成“人人争当专家型教师”的意识，不再把上台汇报和开公开课当作精英教师的专利。建平实验中学主张“把公开课当成家常课来上，把家常课当成公开课来上”，公开课不是为了表演，更要讲求教学的有效性；家常课虽然没人关注，但是课堂是神圣的，是师生共在的生命时光，所以，每一节课都是一次精彩的演绎。由于正确处理了“公开课”与“家常课”的关系，教师们愿意打开教室之门、心灵之门，接纳来自同行的监督与指导，建平实验中学逐步形成了“开放、有效、生动”的教学文化。

此外，建平实验中学与有关教研机构、大学或学术组织定期开展面向全市、全国的教学研讨活动，充分利用与兄弟学校（包括国外合作学校）的各种交流活动，为更多的教师提供展示自我、挑战自我、展现独特的教学风格的机会。

5. 完善技术平台

在现代信息技术培训上，建平实验中学的主张是“硬件绝对过硬，软件绝对不软”：学校为每位教师配备了笔记本电脑，所有的教师办公室、学生教室、计算机房、实验室、图书馆均实现了三网互通。建平实验中学与区教育学院英特未来教育培训班合作，在校内开办三期普及培训班，使所有的教师都熟练地掌握了电脑、网络的基本操作，绝大多数教师能自制多媒体课件，老师们几年来积累的课件有两万多个。建平实验中学在校园网上架设了FTP站点并安装了腾讯通服务器，使各种资源得以在网络上共用或者发表，利用网络基本实现了无纸化办公，大大节约了时间和空间，提高了工作效率。

在信息技术与课程整合方面，教师有意识地利用网络开发课程资源，进行课题研究、开发校本教材、改变教学方式等。宋校长主持研究的市级科研课题“网络环境下的教学新方式”下面有四个子课题，分别是李百艳老师主持的“网络环境下的作文教学研究”，靳军老师主持的“信息技术与数学教学的整合”，李德新老师主持的“网络资源与历史校本教材的开发”，吕彩玲老师主持的“网络环境下的化学教学研究”。这些课题研究的阶段性成果在校内外都产生了很好的辐射效应。

“工欲善其事，必先利其器”，为了加强教学质量的科学管理，建平实验中学与软件公司合作开发了教学管理系统以进行教学质量监控。经验得知，外部压力可以迫使教师达到最低的标准，但很难使他们达到优良的水平。根据内部动力比外部动力更为有用的原则，尊重教师的主体地位，重视教师的专业权力，强调教师的自我诊断与自我调整、自我改进是最为有效的管理方式。如同“教是为了不教”、从“他律”走向“自律”一样，教学质量监控的理想境界是教师的自我监控。在使用质量监控工具的过程中，建平实验中学改变以管理者为单一主体的监控思路，确立教师质量监控的主体地位，培养教师自觉进行教学质量监控的意识与能力，根据内容分层授予教师权限，指导教师自己去分析比较，根据自己任教班级的实际情况进行创造性的分析。教师有了自我监控的意识，他就会主动地去分析、反思自己的教学，主动地去了解同伴的教学，学习同伴的经验。① 这样，学校的教学管理系统不仅是监控教师的简单工具，而且是教师成长发展的信息技术平台，是整个团队共享的教育资源。

建平实验中学利用信息技术平台，建立学校教师专业发展主题网站，以校园网原有资源为基础，充分挖掘各个教研组信息资源，建立教研组专题特色网站。网站包括各学科各年级的试题库、备课资料库、经典教案、课例研究、课题研究、师生数字化平台等，通过教师的日积月累，资源共享，提高了教学质量和效率。

---

① 李百艳. 从质量监控走向质量自觉——运用教学质量监控工具进行管理的思考与实践[J]. 基础教育，2009，(6)：47.

有了这些平台，教师们就能站得更高、看得更远、反思得更多、改进得更好、成长得更快。大部分教师能够不断地提升自我、塑造自我，使自己逐步转变为一个研究型教师。

（三）培育了品牌教研组和知名教师

建平实验中学发展期的两任校长都重视教研组建设，重视名师的培养，主张通过管理重心和研究重心的下移，激发教研组的研究力与创造力，为教师的成长提供深厚肥沃的土壤。

【访谈 5】

校本培训的目标及管理的变化

（说明：在 2011 年 9 月笔者对建平实验中学的第二任校长进行了一次访谈，宋校长 4 年前已经调离建平实验中学，现在区教育局的职能部门任职。本次访谈主要讨论学校发展期开展校本培训的目标以及管理的特色）

笔者：宋校长您好，好久不见。这次约您主要请您就您任职期间开展的校本教师培训谈谈您当时的思考和再认识。相对于姜校长时期，您认为您在职期间的教师培训在目标和管理上有哪些改变？

宋校长：呵呵，要谈改变，先要谈继承。我认为我在任职期间继承校本培训的传统是非常正确的决策。在我接任之时，建平实验中学在短短的几年办学历程中已经声名鹊起，主要是因为姜校长抓住了教师队伍建设这个“牛鼻子”，开展了一系列校本培训，打造了一支有着高度敬业精神的队伍，这为学校后续的发展奠定了非常好的基础。所以，我接任之后，仍然紧紧抓住这个“牛鼻子”，继续沿用暑期集中培训、日常校本研修等形式，但是在目标、内涵和管理方面的确还是有一些变化的。有些形式上的变化我想你更加清楚，因为你是主要的策划者和具体负责实施的人，我主要谈谈当时的思考和事后的反思。

笔者：那太好了，这正是我想要挖掘的东西。

宋校长：在目标上，我个人认为，如果说在我之前的培训目标是以满足学校发展的需要为主目标，而以教师专业发展为次目标的话，那么，我上任之后，开展的培训则是以教师专业发展为主目标，或者说以教师和学校的共同发展、共同成长为目标，把教师放在优先发展的战略地位，因为学校已经发展起来了，要找到影响学校可持续发展的主要因素。

笔者：宋校长，我是否可以这样理解，学校发展和教师发展是分不开的，二者是相互影响、相互促进的，但是，在学校发展的不同阶段、在发展的优先次序上还是有所不同的。

宋校长：可以这样理解。但有一点不同的是，教师发展是每一个教师的愿望和权利，这一点，我们要尊重，要成全。

笔者：也就是说，教师不仅是学校发展的工具，更是一个主体意义上的专业工作者。

宋校长：是的，正是基于这样的思考，我认为，学校要有培养“专家型”教师、培养名师的立意。因此，在发展的内涵上更加注重专业引领，我们引进了叶澜教授的“新基础教育”实验，理论的活水渗透进了我们这块土地，使得老师们的专业素质在潜移默化中得到提高。在管理上，我鲜明地提出了“信任替代权威，参与代替命令，科学与人本结合”的管理思想，所以，我对干部和教师是比较放手的，很多决策来自于基层的意见和建议，我想让老师们能够参与到管理当中来，让教研组发挥管理作用，让教研组和老师们能够按照自己的需要和意愿去发展，希望他们把专业发展当成自己的事情。我当时有一个梦想，一年推出去一到两个教研组，用五、六年的时间推出去一批名师，那样的话，我们就不仅仅是学校有名，而且是我们的学科有名、老师有名。

笔者：我记得您曾经说过，发展是学校的事情，更是自己的事情，希望老师们变“要我培训”为“我要培训”。您觉得，当时的目标实现了吗？

宋校长：客观地说，我在任期间实现了一部分，有些事情，比如名师的成长，不是一蹴而就的，需要一定的时间的沉淀。至于后续的发展，你应该比我更清楚，你可以访谈现任的张校长。呵呵……

【访谈 6】

校本培训更加“以人为本”

（说明：在 2011 年 9 月笔者对当时在任校长张校长进行了访谈，主要是讨

论学校当下校本培训的发展思路与趋势)

笔者：张校长好，今天我找您不是向您汇报工作，是为了研究对您做一个关于校本教师培训工作的访谈。您可以暂时把我当一个“局外人”来看，这样，或许能谈得更深入一些。

张校长：好啊，你想了解一些什么？

笔者：嗯，我想培训工作的内容和形式上的东西就不谈了，因为，我全程都参与了，您就谈一谈您上任以来，对这项工作的价值意义和管理策略的深层思考吧。

张校长：对校本培训价值的认识，我想我和前两任校长是基本一致的，这是一项非常重要的工作，关涉到学校的生存与发展。我做校长已经 20 多年了，过去，没有这个概念，现在，是更科学、更系统地做。我在不同层次的学校做过校长，我常常思考，什么样的学校才能算是一所好学校？有人说“一个好校长就是一所好学校”。这话不无道理，但是，更有道理的是“有一支好的师资队伍的学校才是一所好学校”。好的师资队伍怎么形成呢？从现在的历史阶段来看，校本培训是最有效的，因为，上面搞的培训，“240”“540”啊，包括名师工程什么的，都是离开岗位的培训，只管磨刀，不管砍柴。而校本培训是“边磨刀，边砍柴，磨刀是为了更快地砍柴，所以，更有用、更实在、更有效”。

笔者：呵呵，关于培训的价值和作用您说得太形象了，令人耳目一新。能从管理的角度谈一谈您的深层思考吗？

张校长：我说了你不要笑，我刚才讲了“砍柴”，关于管理，我还要打个比方，叫“砌墙”。

笔者：更新鲜了，您讲讲看。

张校长：比方说，有一个人在砌墙，砌了 5 米，他有别的任务离开了，第二个人来接着砌，如果他要觉得第一个砌得不好，他推倒了重来，那么他也不会砌很高，他最好的办法就是接着第一个人的工程砌下去，这样累积起来，就是一个大工程了。

笔者：呵呵，您是在讲，您对前任校长工作的延续。

张校长：是的，我认为建平实验中学是一所非常好的学校，很多优秀的东西是要传承下来的。所以，在校本培训这项工作上，我基本上延续了宋校长的思路，接着他干的活继续干下去。比如过去宋校长提出的建设优秀教研组、培养名师，我认为这件事情做好了，这支队伍一定是一流的。但是，在具体的做法上我还是有自己的特点的。

笔者：您来了之后，“新基础教育”实验项目已经结束，学校开始提出“主体参与”的教学模式，我们的活动基本上都是围绕这个课题来进行的。

张校长：是的，表面上看，这是有区别的。但是深层的思考是我们这样的学校要想真正成为品牌学校就要有自己的品牌。我的比方可能不一定恰当，我们做“新基础教育”收获非常大，但是，我们不能总是贴牌，我们要创自己的品牌，这也有助于师生树立自信心。我们的“主体参与”是经过专家反复论证的，这个“主体参与”是指向学校所有层面的，管理者要有主体意识，教师要有，学生更要有，这是所有建平实验人的行为特质，也是“新基础教育”教师发展的一个核心理念。所以，在校本培训的管理上，我更加主张重心下移，把教导处、教科室等部门的功能定位于协调和服务，而教研组相当于大学或是教育学院的一个教研室，教研组的主要作用在于校本培训、校本教研活动的设计、促进教师的专业发展。日常教学、教学质量的管理，教导处可以直接抓备课组来管理。

笔者：所以，我们现在的校本培训活动中每个教研组都是个性化的，特别符合学科的特点和组内教师的实际情况，各个教研组是各具特色、各显其能。

张校长：是的。所以说，我认为校本的含义更进一步可以说是“组本”“师本”。

笔者：也就是更加“以人为本”了。

张校长：呵呵，可以这么说吧。我想，这样更利于优秀教师的成长。今年，你已经评到了特级教师，我希望我校将来每个教研组都能有一位特级教师。

通过对访谈 5 和访谈 6 的分析，笔者认为，建平实验中学发展期的两任校长对学校管理、教师管理、校本培训的管理思想是一脉相承的。两任校长都推行“专业发展导向”的校本培训，都主张人本管理、扁平化管理，将管理重心下移，注重发挥教研组在教师专业发展中的作用，都重视名师的培养。在这样的管理氛围中，各教研组根据学校的总体目标，结合本组教师的特点，从教师的真实需求出发，扎扎实实开展校本培训和校本研修，把“自下而上”的草根式研究与“自上而下”的研究结合起来，不断提高教师的专业水准，在课堂教学改革、校本培训和校本研修项目的管理、科研课题的研究、校本课程的开发等方面，因地制宜，各显其能。

语文教研组，多次在浦东新区举办的语文新教材培训活动中展示课改成果，2004 年主办市青语会“民族精神与语文教学研讨”活动，多次承担本市兄弟学校及外省市的语文教师带教和培训任务。物理学科，通过“实践反思、同伴互助、专业引领”，开展了“课题指引下的课堂教学改进”的校本研修活动，2005 年在全市范围内进行展示。经过几年的探索和实践，建平实验中学的教师发展跨上了一个新台阶，无论是教师群体发展还是个体发展都取得了惊人的成绩。语文、物理两个教研组最早被评为区优秀教研组，此外还有体育教研组、数学教研组、英语教研组，也先后被评为区优秀教研组或获得区工会“青年文明岗”等荣誉。

各组教师积极探索、开发校本课程，已有近百位老师参与了拓展型、探究型课程的教学，累计开发校本课程 40 多门，有多位教师自编了教材，探索了知识考察、项目报告、活动展示、竞赛等校本课程的多元评价模式，有效地促进了学生“主体参与”学习方式的养成。

教师个体专业发展也取得了令人瞩目的成就。我校现阶段有市特级教师 1 人、市名师后备 5 人、区学科带头人 3 人、区骨干教师 22 人。近三年来，先后有 1 人获评上海市特级教师，1 人获评上海市模范教师，1 人获评上海市园丁，1 人获评上海市青年明星教师，3 人代表浦东新区参加国家级、市级中青年教师教学评优活动并获得一、二等奖。另有多人在市区级青年教师教学大赛（各学科）获奖、在市区级论文案例评比中获一等奖，多人获得浦东新区教育科研成果奖、中青年教师课堂教学设计一、二等奖等奖项，数百人次获得各类学科指导奖。2008 年至 2010 年，学校教师在区级以上刊物发表论文共计 200 多篇，出版专著 1 本，有多位领导、骨干教师多次在上海市或全国的教育学术会议上交流发言。

经过几年的校本培训，建平实验中学培养了几个品牌教研组和若干位在市区有影响力的名师，取得了显著成绩。培训更是一种环境的影响、气氛的影响、精神的影响、意识的影响、习惯的影响，这些无形的影响像空气一样弥漫在建平实验中学，一种宽松的、自由的、主动发展的文化逐步形成，涵养着、影响着每一位教师。

（四）促进了学生健康、主动地发展

“专业发展导向”的校本培训实施以来，建平实验中学教师的观念、角色与教学行为发生了很大变化，主要表现为学生观的转变。越来越多的教师认同学生作为学习主体的地位，尊重学生的主体性，转变传统的以教师为中心的做法，不再把学生看作是消极的知识的“容器”、缺乏力量的知识接受的客体，而是把学生看作知识的积极建构者，他们拥有无穷的创造潜力，是期待点燃的“火把”，有着自身的力量和不同的兴趣、需要。教师们积极改进自己的教学方式、提高教学技能，教学方法开始呈现出多样化趋势。课堂教学的功能与形式也逐渐由“知识课堂”“智能课堂”转向“生命课堂”，课堂里充满了人文气息和生命成长的气息。多数教师已不再高高在上，他们与学生平等相处，与学生共同经历生命的成长。教师的专业发展给学生的健康、主动发展提供了良好的环境和教育。

【档案 25】

让有限的课堂焕发出无限的精彩

（说明：此项档案摘自建平实验中学“共享·互助·成长”教师专业发展经验交流会上李希老师的发言稿，时间为 2012 年 10 月）

这次很荣幸作为学校“主体参与”创新课堂的试验者，开了一节探究课。关于“平行四边形的判定”的研究，虽然课已经结束，但是它却像一颗石子在我心中激起了层层涟漪，让我对如何让有限的课堂为学生创造无限的空间，有了很多的想法。

在备课初期，我对学校这次开课的宗旨“如何改变现在传统的课堂”，还有很多的疑惑，心想是不是为了哗众取宠，想获得一些不切实际的轰动效应，来增加学校的知名度呢？我曾一度无所适从。不过最后还是觉得不要想了，安心备课吧。

平行四边形的判定除了定义以外，还有四个判定定理，分别是从边、角、对角线三个角度展开的，如果是传统的课，可以有以下几个设计思路：

【设计1】：几何图形的判定往往是从这个图形具备的特征入手进行逆向思考的，所以可以先回忆平行四边形的性质，从组合这个四边形的三种元素(边、角、对角线)入手，请同学们思考它们的逆命题是否成立，并证明，得出判定定理，然后进行应用。

【分析1】：该设计开门见山、直截了当、思路清晰，并且有很多的时间进行应用，从而能够最快地达到熟练掌握定理的目的。缺点是太传统了，不能激发学生的兴趣。

【设计2】：可以通过设计一些操作活动(比如用长度不一的吸管摆弄或者复原缺角的玻璃)，让学生在思考操作的过程中，思考如何判定平行四边形的方法。

【分析2】：这些活动都有一点生硬，还让初二的学生停留在实验操作的阶段，稍显幼稚，但是也有优点，它能让学生们在创设的情景中提炼出数学问题，激发学生的兴趣，让他们体会到学数学不再是为了做题而做题，而是能够解决生活中实际问题的，让他们感到数学是一门有用的科学。

这些设计思路都是我曾经上课用过的。我想，这样的课堂到底是不是那种充满活力的课堂呢？我自己都感到不能算是。那怎样的课堂是能够充分调动学生积极性、求知欲的课堂呢？

我又陷入了困境，一筹莫展，到处问同事、上网查资料，好像大家的思路都停留在这些固定的模式中，每天这种传统教学的方法似乎像一道枷锁牢牢地固定了我的思维。重复的方法、不同的内容，连我都觉得毫无新意，那么对于那些只有十几岁的孩子们，不是更加没劲了吗？关于如何让我们的课堂有新意，教研组长告诉我“杜郎口中学的教学观”可能能帮上我。“给我一次机会，还您一份惊喜”“我参与，我快乐；我自信，我成长”“在参与中快乐，在快乐中幸福，在幸福中成长”“变苦学为乐学，变乐学为会学，变会学为愿学”这就是他们的基本理念。他们的学生可以取代老师，参与到每天的教学过程中，但是我的学生是没有经过训练的，要在短短的一个星期内有所改变，这还真不是一件易事。幸好平日里经常让学生到讲台上来讲解题目，还有一点小小的基础，我的心就稍稍地放下了。这时我产生疑问：仅仅书上的几个判定定理，只要稍加引导，就可以全部得出，似乎也没有什么太大的空间可以让学生思考。如何尽可能地发挥学生的主观能动性？又是一件困难的事情嘛！

怎么办呢？绞尽脑汁、搜肠刮肚，突然之间，想起以前的一些试卷中出过的题目，除了平行四边形的四条判定定理外，应该还有一些可以判定平行四边形的方法，还有一些不能判定平行四边形的命题。如果我以此为契机，让学生好好地将这些命题研究透彻，不但可以增加学生的课外知识量，还可以开拓学生的思路，而且对学生以后自主研究一些课题，应该会有所帮助。于是，我决定按照这样的思路开始行动。

由平行四边形的性质可以推出的八个结论，如果全部组合，那一共有 28 种组合，将结论一致的归类后一共有 12 种，第一类是定义和判定定理一共 5 条，第二类是其他命题：

(1) 一组对边平行＋另一组对边相等(假)——等腰梯形

(2) 一组对边平行＋一组对角相等(真)

(3) 一组对边相等＋一组对角相等(假)——图 1

(4) 一组对边平行＋一条对角线平分另一条对角线(真)

(5) 一组对边相等＋一条对角线平分另一条对角线(假)——图 2

(6) 一组对角相等＋联结相等的这对角的对角线平分另一条对角线(真)

(7) 一组对角相等＋联结不相等的这对角的对角线平分另一条对角线(假)——图 3

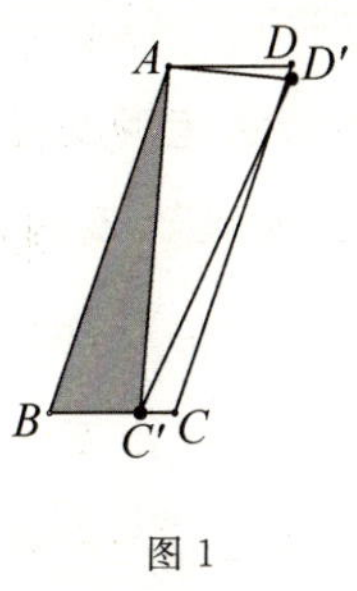

图 1

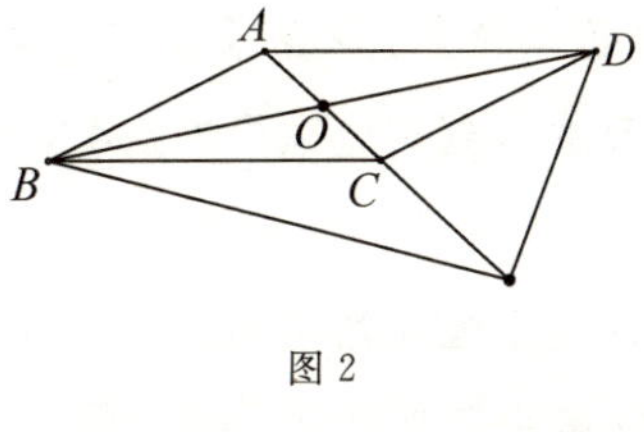

图 2

图 3

这些命题中有真命题也有假命题，虽然不知道为什么没有把其中的真命题作为定理，但是一定也有它存在的意义。我仔细研究了一下，这些命题的证明和反例有些是比较容易证明和举例的，但是还有一些是相当有难度的，比如(3)、(5)和(6)，这些可能都是在课堂上无法解决的问题，那应该如何设计这堂课呢？我有了如下的想法：

【设计3】：在课前设计好学案，让他们根据学案要求，在家里先动脑筋，想好一些方法，然后上课的时候来汇总。

【分析3】：这样对学生的要求很高，一是我对他们课前的预习质量无法估计，二是我对他们整节课的汇报也无法控制，到时候万一大家一紧张，会改变我的初衷，当然变成表演课也不是我的意愿，所以我想还是在课堂上进行，没有做完的内容可以放到课下，这样学生也有东西可以模仿，知道要研究什么，不会浪费不必要的时间。想好了，于是又进行了新一轮的设计：

【设计4】：用做课题的形式，让学生在课堂上进行自主研究，然后汇报研究结果。

过程如下：

师：那么变换思维角度，当一个四边形的主要几何元素边、角、对角线满足哪些条件时，可以确定它是平行四边形呢？

师：对，只要具备两组对边分别平行这个条件，就能判定它是平行四边形。它是平行四边形的定义，既可以是性质定理也可以作为我们判定平行四边形的依据，无论大家添加什么条件，只要通过推理论证得出两组对边分别平行，就可以得出它是一个平行四边形的结论了！

师：那么除了两组对边平行，还能有别的判定方法吗？

师：既然大家有所猜测，但是又不敢肯定自己的想法，那么老师想让你们自己动手来验证一下自己的猜想，现在请大家四人一组，然后请大家讨论、合作完成一个探究“平行四边形判定方法”的几何实验！

附录：实验报告单

【实验准备】：平行四边形性质的复习：

∵ 四边形 $ABCD$ 是平行四边形

∴ ________________,________________

________________,________________

________________,________________

________________,________________

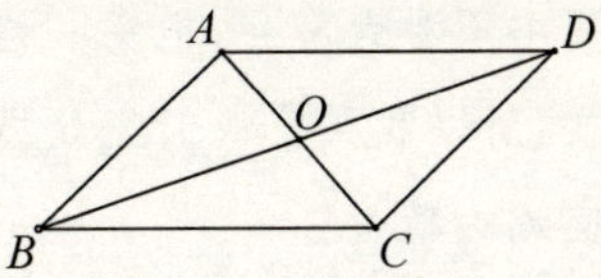

【实验目的】:探究“平行四边形的判定方法”

【实验要求】:当一个四边形中边、角、对角线满足哪些条件时,可以判定它是平行四边形呢?请大家添加适当的条件。

已知:四边形 $ABCD$ 中,________________,________________

或________________,________________

或________________,________________

或________________,________________

或________________,________________

求证:四边形 $ABCD$ 是平行四边形

图:

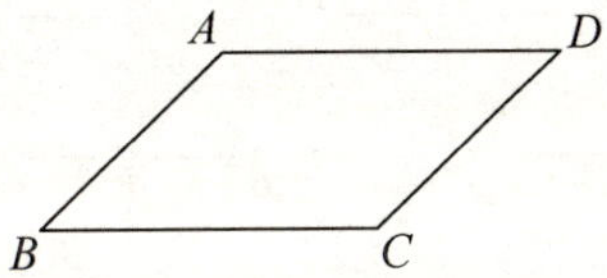

【分析 4】:该设计优点是可以直接切入正题,让学生直接思考平行四边形判定的条件,引领学生从无序的思考到有序的思维中去,让他们独立思考,小组合作,共同探究,从而开发大家组织、动脑的能力。

【课堂反应】:

课设计好了,走入课堂。一切那么自然,学生井然有序,都在紧张地研究、猜想命题。在我巡视的过程中,还有人问我,能不能将它们“混搭”,我点点头。看着他们全力以赴的神情,感觉他们似乎已经忘记了身处有摄像机的教室,还有那么多老师,仿佛全世界只剩下他们自己和研究的命题,看着他们真是一种享受。15 分钟的讨论时间后,我认为应该思考充分了,于是开始“收”了。有老师说是不是时间给的太长了,应该注重课堂效率。他们不知道我的用意,我觉得我的学生很少进行这种独立的研究,我希望在从传统课堂向新方法的转变中不要太唐突，毕竟一切都是新的，无论是这节课的知识还是这种授课的方式，所以我要让他们充分思考，充分搅拌，先在小组内有碰撞的火花了，才会有交流的精彩！

学生开始汇报刚才研究的结果了，各个小组的同学开始踊跃发言。正当大家都沉浸在一个个成功的证明里时，突然，张同学跟大家一起分享了他们小组认为是正确的一个结论“一组对边相等＋一组对角相等”。我一惊，这不是一个假命题吗？暗自窃喜，心想，很好，一个绝好的反面教材，他一定证明不出来。可是，没有想到，他却自圆其说将命题证明完毕了，我迅速思考，问题出在哪里呀？

已知：$AB=CD$，$\angle B=\angle D$

求证：四边形 $ABCD$ 是平行四边形

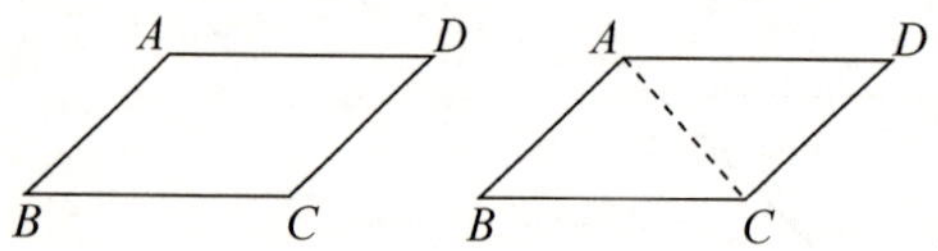

图 1

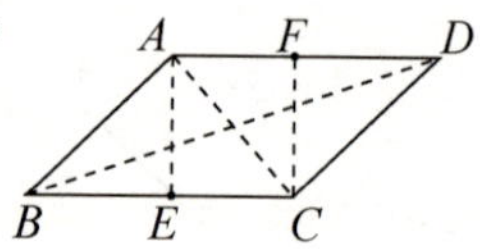

图 2

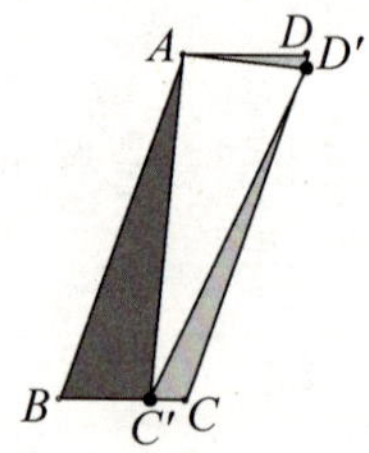

图 3

一般的学生会联结 AC(见图 1)，然后发现条件给出的恰巧是“边边角”，无法证明两个三角形全等，于是作罢。没想到张同学却想了个办法，“解决”了这个难题。

证明：(如图 2)作 $AE\perp BC$，$CF\perp AD$，先证$\triangle ABE\cong\triangle CFD$(AAS)，再证$\triangle ACE\cong\triangle CAF$(HL)，从而得到$\angle BAC=\angle DCB$。所以得平行四边形。

问题出现在：这个命题通常都是成立的，但是会有一些不成立的特殊情况，就像是“边边角”有可能会有两种情况一样，所以，如果他画的图不是反例，就可以证明出来了。由于时间原因，当时的课堂我只将准备的反例展示了出来(见图 3)，没有多进行研究便匆匆而过。然后我将网上对这个命题的反例画法贴了上去，让同学自己进行研究。

于是，我接下去继续上课，没有想到意外又出现了，我原以为有一个命题是比较难证的，结果竟然被姚同学证明出来了：一组对角相等＋联结相等的这对角的对角线平分另一条对角线的四边形是平行四边形。

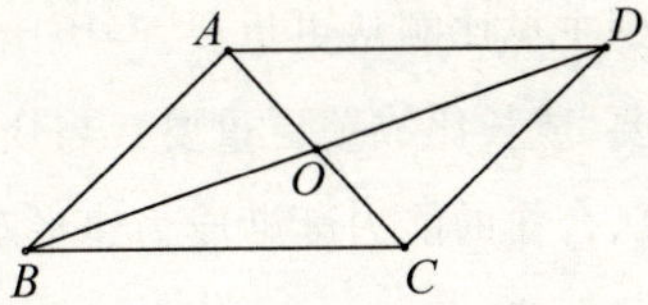

已知：$\angle BCD=\angle BAD$，$OB=OD$

求证：四边形 $ABCD$ 是一个平行四边形

证明：在线段 OC 上截取 $OE=OA$，由 $OE=OA$ 和 $OB=OD$ 证明出四边形 $ABED$ 是一个平行四边形，得 $\angle BED=\angle BAD$，又因为 $\angle BCD=\angle BAD$，得 $\angle BCD=\angle BED$，所以点 C 和点 E 重合，从而得证。

正在大家兴致勃勃的研究中，下课铃声响起了，我没有完成教学任务。不过这也在我的意料之中，这是一个新的探究模式，需要大量的时间来支撑，如何让学生真正地发挥主观能动性，参与到数学研究中来，真的是一件很值得思考的事情。

更加值得欣慰的是，学生的研究热情没有随着下课的铃声停止，他们继续将剩下的组合一一证明完毕。我大概又用了两节课才把所有的内容上完，当然主要也是以学生为主讲的。学生的潜力好像是被激发了一样，看着他们的优秀表现，我真不敢相信这就是平时里那些平凡普通的学生，一定是平日里我没有给他们探究的空间，总是讲得多，放得少，学生们的潜力没有被激发出来。

回顾这次公开课，感触很深，虽然课堂上的时间是有限的，但是它留给了我很多的思考，到底如何才能让一节课发挥它最大的价值，充分调动学生的积极性，最大程度地让学生的思维动起来，恐怕是我接下来努力的方向……

（以上档案材料来自建平实验中学档案室）

档案 25 李老师的这节课是在高成本的课堂中体验“慢教育”的一次尝试，虽然没有完成教学任务，但她意识到“交给学生开门的钥匙比带他们进入房间更为合适”，放手让学生自己去质疑、思考、发现、体验而不是按部就班、死记硬背是建平实验中学的教师们突破传统、面向未来的一个新起点。渐渐地老师们越发认同“授人以鱼不如授人以渔”的理念，越发坚信实践能缩短认知与行为的距离，越发赞同教师应该永远充满信任地站在学生身后，让他们“用自己的眼睛去观察，用自己的大脑去思考，用自己的心灵去感悟”。知识是教不完的，传授灌输得再多也没有用，关键是让学生拥有获取知识的能力。教学不是简单的方法破解，而是思维方式的照亮。民主自由的课堂氛围也让孩子们意识到主见比顺从更重要，经历比结果更重要，学法比知识更重要，热爱比分数更重要，成长比成绩更重要。与众不同的个性、阳光自信的心态、积极探索的意识、团队合作的能力渐渐成为建平实验学子的精神特质，为学生们的可持续发展提供了保障。

建平实验中学中考综合排名连续几年保持高端稳定，为很多高中学校输送了大批有前途、有潜力的人才。学生参加各级各类比赛获奖上千人次，在同类学校中遥遥领先。有两位同学还正式出版了自己的专著《十四岁的处女座》《缪孜的初二生活》，他们用自己的作品描述和再现了在建平实验中学精彩快乐的生活感受，健康、主动的生命状态。

（五）形成了"研究式"的工作方式

在建平实验中学不断追求内涵发展、创建品牌学校、实施"专业发展导向"的校本培训的过程中，学校探索以信任为基础的人本管理模式，更加关注教师在教育教学过程中的生命状态，逐渐由注重对教师规范性的管理转向对教师生存方式和人生价值的引导，由注重对教师指令性、布置任务式的管理转向对教师主动性、创造性的培养和激发，引导教师在工作的过程中认识到教师职业特有的丰富性、唯一性。为教师搭建平台，通过丰富多彩、富有创意的培训和研修形式，使教师的教育教学实践始终处在不断钻研、不断探索的状态之中。教师在研究中学习，在研究中实践，研究式的教学、研究式的工作渗透到日常工作中，这是"研究式"的工作方式的一层意蕴。

"研究式"的工作方式的另一层意蕴是指管理方式的改变，管理者开展各项工作试图通过人与人交往的民主、平等，言语表述的真诚、简单、坦率，达到人际关系的和谐，完成预定的工作目标。管理中注重换位思考，重视情感因素、心理因素的重要作用。工作需要哪个层面来完成，问题需要哪个层面来解决，哪个层面首先拥有参与的责任和权利。

建平实验中学在这一时期的很多规章制度和培训方案，都是各个层面多次"商量"的结果，是从基层的土壤里长出来的。很多教学问题不是通过行政督促和问责来解决，而是通过"专题研讨会"的形式来研究、商量着解决，通过这种研究式的工作方式，建平实验中学营造了和谐、开放的民主氛围。教师的热情、自觉、主动成为一种文化现象，尊严与活力成为"建平实验人"的理想表征，教师的精神满足和幸福感得到了一定程度的改善。

【档案26】

幸福的建平实验人

（说明：此项档案摘自建平实验中学"共享·互助·成长"教师专业发展经验交流会朱琼老师和叶枫老师的发言稿，时间为2011年10月）

节选1：

记得不久前的一个周五，在这里，我荣幸地见证了那几位已满30年教龄的前辈们的矍铄风采，见证了特级教师的优雅风度，当时的啧啧称赞声仍不绝于耳，原来名师们是这样的神采奕奕！

今天，又是在这里，他们的到来再次令我感到无形的压力，与此同时，我又更多地感受到能和他们同样地站在三尺讲台上，立在建平实验这座美丽的校园内，所拥有的幸福感！

所以我今天发言的题目就是"语文教师，一个幸福的人"。

曾经有人说过："当你成为了一名忠诚的教师，那你就是一个幸福符。"在座的前辈们、同事们，每天早上看见你们自信的笑容、从容的脚步，我想，你们一定已找到幸福的所在。

语文教师是幸福的。

著名文化学者余秋雨先生曾说："在欧洲，作为古代经典最醒目的标志，是一尊尊名扬天下的雕塑和一座座屹立千百年的建筑。中国历史上毁灭性的战乱太多，只有一种难以烧毁的经典保存完好，那就是古代诗文经典。这些诗文是蕴藏在无数中国人心中的雕塑和建筑，而一代接一代传递性的阅读，便是这些经典连绵不绝的长廊。"而语文教师就是这道长廊幸福的开启者和维护者。

……

一样流逝的青春、一样翻转的年轮，作为教师，看着孩子们渐渐长大，甚而长得很高很高，所有的时光都萦绕成一团幸福，紧紧裹住我的心灵。是的，作为老师，我是幸福的，让笑意始终荡漾在我的眉宇之间，因为语文教学真的可以让我尝到“行至水穷处，坐看云起时”的幸福滋味……

节选2：

人生最幸福的事莫过于做自己喜欢的事情，把工作和兴趣结合起来。在进入建平实验的第11年，我发现我越来越喜欢这份平凡的教师工作，我每天都幸福着。这种幸福也叫作感动，它来自于我的学生们和我的同事们。最喜欢的礼物是学生写给我的信：“叶老师，感谢您的严厉，到了高中我才真正感受到你给我打的数学基础是那么扎实，是你让我从恐惧数学变成了喜欢数学……”这是做教师最幸福的时刻了吧，就如同埋入泥土的种子，经过自己的精心浇灌，开出了异常美丽的鲜花时的喜悦。

建平实验汇聚了来自全国各地的教育精英，我们数学组更是群贤毕至，前辈们对我们青年教师历来都是悉心帮助、毫无保留的。记得有一次老师们来听我的课，奇怪地问：“你写黑板怎么是从左写到右的？”有老师说：“徐汶老师不就是这么写黑板的吗！”连我都没有意识到，徐老师对我的影响竟是这般润物细无声。连听了他很长一段时间的课，感谢他手把手地教会我如何备课和如何上课，是他把我引入了教学正轨。记得第一次和张萍去听胡老师的“尺规作图复习”课，一把三角尺、一个圆规、一支粉笔，讲台上的胡老师是那么自信和从容，这份自信来自她对数学专业知识的精准把握，她让我明白了“台上一分钟，台下十年功”的道理。从那时起我就暗暗下定决心：一定要成为一个像胡老师那样数学基本功扎实的老师。记得梅隽婕老师曾经说过：“数学是很美的学科，我要让我的学生们也能感受到数学的美。”梅老师对教学的要求就如她自己所说的，都要做到尽善尽美，每一个课件、每一份试卷，都精益求精，她让我看到了一个专业素质过硬的数学教师的风采美。组里的大姐姐们，也都是我的良师益友，她们经常督促我要多开公开课，提醒我要多写论文，告诉我这对一个青年教师的成长是非常有益的。让我感动的人和事不胜枚举，是他们给了我前进的目标和动力，让我在建平实验的每一天都如沐春风，感觉温暖和幸福。

如今，我不再对讲台和学生心存恐惧，能够从容自信地面对工作。但是离心目中的专家型教师还有很大的距离，为了提高自己的教育教学水平，我开始对我的教学工作进行总结和反思：

1. 设计有坡度的例题和恰当的变式训练。

例如初三复习课《相似三角形》，其中涉及动点问题的相似三角形综合题比较难。在设计课程时，我采用了由浅入深的例题设计，从先找到一对相等的角，到有目的地寻找角两边成比例的数量关系，或者是寻找第二对相等的角的条件。这样的设计让全班不同层次的学生都有了动手尝试的可能，消除了一部分同学看到综合题就想放弃的心理。

2. 教学中恰当使用多媒体技术，提高教学的有效性

在《轨迹》一课的教学中，对“轨迹”这个抽象的概念，我举了体育课中投篮入筐运动过程的例子，把篮球经过的每一个位置看作一个点，所有这些点的集合就是篮球运动的轨迹。结合生动的电教演示，引出数学中“轨迹”的概念，激发了同学们的好奇心，取得了较好的教学效果。数学课程不仅要考虑数学自身的特点，更应遵循学生学习数学的心理规律，强调从学生已有的生活经验出发，设计形象生动的电教演示。

3. 设计较为详细的课堂学生活动

在《三角形的内角和》一课中，我让学生采用“量一量”的活动来猜测结果，用“拼一拼”的活动来验证结果，采用讨论、思考的活动来证明结果，最后得到了“无论三角形的形状如何变化，三角形内角和始终不变”的结论。这样的参与性教学不仅使学生收获了知识，知道了三角形的内角和定理，更收获了学习方法和学习的乐趣。关注课堂上学生的各种活动，引导他们观察、思考、听讲、讨论、演示、练习等，要让每一个学生都主动参与其中。

4. 认真对待每一次的练习反馈

不管是课堂练习反馈，还是课后练习反馈我都会很重视，不仅及时批改对错，还会记录错误比例、错误类型。对于普遍的错误类型，可以从中反思出我在教学环节中的问题或找到学生的思维误区，采用全班讲解的形式加以纠正；对于个别的错误类型更能反映出个体的接受水平，如果采用个别讲解的形式加以纠正，不仅让学生对这个错误记忆深刻，也能让学生感受到老师对他们的

关心,融洽师生关系。

5. 采用有效的评价和激励手段

把反馈和评价以小组评比的形式记录并展开竞争,对初中阶段的学生是比较有用的方法。而为了让每一位同学都能真正参与其中,我会采用每天对每个同学的每一次作业、考试的质量做好评分和记录的方法。一个星期后,不仅能得到几个小组的总分,也能得到每个同学本周的总得分,经过排序后,名次上靠前的同学和进步的同学能一目了然。虽然过程有点繁琐,结果却让人惊异,每周都可以看到新的面孔进入到前十名,也能看到后面一部分同学的进步。学生的积极性可见一斑。

在教学中,还有很多需要注意的细节,我希望我能做到善于观察、善于总结、善于反思,真正提高自己的教育教学水平。

十年应该是一个转折,回顾以往,我感谢各位的悉心关怀,感谢领导们的信任和支持,庆幸自己能和建平实验一起成长。在这个过程中,我拼搏着,却也收获着;奉献着,却也幸福着;追寻着,却也成长着。展望未来,我告诉自己,要多做反思和总结,要汲取他人的经验,让自己在数学专业方面有所提高。同时也要时刻提醒自己:一名优秀的教师不仅要让学生学到知识,更要让他们学会学习,学会做人,这才是一个教师应该做的。我会继续努力,谢谢大家!

(以上档案材料来自建平实验中学档案室)

档案 26 摘录了朱老师和叶老师两位不同学科教师在同一次交流会上的发言分享,两个人不约而同地锁定了一个关键词“幸福”。对教育事业的钟情、对学科教学的痴迷、对每个学生的熏染带给老师们满满的幸福感。宽松的氛围带来了平和的心态,民主的空气滋生了创新的动力,平凡的教育教学工作也会精彩无比,山重水复之处也会绝境逢生、方法无限,自信与幸福开始绽放在笑脸上,尊严与活力逐渐融入到血脉里。

这一时期的校本培训在顶层设计上彰显出对教师个体差异的充分尊重,对教师精神需要的用心体验,对教师专业成长的保驾护航,“以人为本”的理念不再是一句空话。

三、“专业发展导向”中的组织目标与控制的问题

“专业发展导向”的校本培训逐步替代“绩效管理导向”的校本培训以来，建平实验中学在促进教师专业发展方面取得了很多成绩。这种培训模式的价值是毋庸置疑的，但是在实施过程中也逐渐显露出一些弊端，它影响了教师队伍的管理，影响了教学质量的提高，甚至也影响了教师的专业发展。

（一）教师个体需求与学校组织目标的间离

基于人本管理的“专业发展导向”的校本培训，如同麦格雷戈的Y理论所主张的，学校对教师充分信任，对作为“社会人”的教师给予足够的尊重，相信他们对学校的感情，对工作的责任心和热情，对自身专业发展的渴望，尽可能地为教师的工作、发展创造轻松的环境，为教师的成长搭建平台，在管理机制上推行民主管理。教师对学校发展、教师专业发展等享有充分的知情权、参与权，对管理者和学校的决策层发挥出很大的影响。然而，人性的复杂对这种管理模式、培训模式提出了极大的挑战，总会有一部分人与管理者的预期存在差距，甚至相去甚远。

【访谈4】

“元老”级教师集体访谈节选二

（说明：在2011年4月笔者组织召开了一次小型会议，对2000年之前调入学校的8位元老级教师进行了集体访谈，主要是了解他们对学校建校以来不同阶段校本培训的真实体验，以下为访谈内容节选二。）

笔者：各位老师，那接下来就谈谈你们对学校发展期，也就是从2004年以来的校本培训的感受。这个时间段比较长，各位可能既要回忆过去，又要兼顾当下，最好能发现一些问题，也有利于我们下一步的改进。

L老师：我先说吧。给我印象最深的就是宋校长引进了“新基础教育”，华师大的几位博士经常来学校。作为教研组长，我要写我们数学学科的策划书，还要安排活动，刚开始觉得工作特别紧张，心里很抵触。组里的老师都把被专家听课当成最可怕的事，因为他们的评课和我们自己学校或是区里的教研活动评

课都不一样,他们有自己的一套,那一套,我们太陌生了,很多名词都是我们以前没听过的,什么“动态生成”“资源捕捉”“编制课堂”等等。不仅上课的人紧张,听课的人也紧张,因为每个人都要发言评课,不许说空话套话。上完课老师们被评得云里雾里,还要谈反思与重建,压力真的很大。但是,一段时间之后,我们的收获还是很大的,很多老师在区里的教研活动中脱颖而出,很多人的教学案例都发表了,他们评职称都派上用场了。“新基础教育”做了两年就不做了,据说是因为我们学校老师中抵触的人太多。现在回想起来,真的很遗憾,或许是失去了才知道珍惜吧。我真的认为“新基础教育”给我们带来了专业上的唤醒,给我们留下了许多财富,我们应该一直要有这样的专家来指导。

W 老师:我也认为,我们应该一直有专家引领,否则,我们一段时间又会被打回原形,研究的热情会慢慢冷却。

Z 老师:其实,我认为研究热情冷却倒不用急,现在最急的应该是有些老师工作热情不高。很多老师对自己的事情特别精心,而对集体的工作却不是很积极,让比较有经验的老师出单元测试卷,他们都觉得是负担,不愿意多做。学校迎接督导检查,催交材料也是很耗时费力的一件事情,我觉得教师的集体观念有点淡漠了。

X 老师:其实,对自己的事,有些老师也要看是什么事。我们这六七年的培训都是很人性化的,学校很乐意倾听教师的心声,绝大多数教师都有表现的机会,涉及的面很广。但是,时间一长,人以自我为中心的意识就出来了。有时候,我们组织一次教研组活动,让老师开课,或是推荐老师案例展示等,有些老师很不愿意做,他们认为这应该是自愿的,我不愿意就可以不做。我们要反复动员才行。但是如果有外出学习等一些好机会,大家都争着要,有时名额有限,有时要讲究先后次序,排不到的人就会闹情绪。所以,我们在基层为了摆平这些事,还是挺伤脑筋的。

P 老师:另外,学校推荐区级骨干教师不能完全按照区里的标准来,不能只看公开课、发表文章等成果,其实,最主要的还是要看教学业绩,专业发展还不是为了教好学生吗?我们组评出来的老师就有人不服气,说成绩不好不影响评骨干,这样的话,人人都只顾自己的事好了。

H老师：我觉得这个事情不能简单地下结论，成绩好不等于教学水平真的高，那种死抓分数，要把学生抓死的人更可怕。分数只是教育的一部分。但是，我觉得成绩差的不能评。

笔者：大家说得都很有道理，人性是复杂的，所以管理也是很复杂的。看来，促进教师专业发展，不能只想着成全教师，还不能忽视成就学校的工作和目标。

通过访谈4的这一部分内容，笔者发现“专业发展导向”校本培训引发了一个不容忽视的问题——教师的个人需求与学校组织目标的间离。学校设计的内容与培训管理主要是基于“社会人”的人性假设，但是，不可否认的是教师还有“经济人”“复杂人”的多面性。有些人天性就比较厌烦工作，认为常规的教学已经难以忍受，还要再搞什么专业发展增加工作压力，他们认为教师就是一份解决生存问题的工作，所以，在培训和研修当中总是消极抵触或不得已敷衍而已。还有一些人的表现是随着环境的变化而摇摆的，管得严一点，就表现得勤勉一些；管得松一些，则表现得懒散一些。如果管理者只考虑人性的一面，必然会给管理带来漏洞。访谈4反映的教师当年抵制“新基础教育”专业引领的现象，把培训当福利的心态，教师专业有发展但绩效不佳的悖谬，在一定程度上削弱了学校的行政执行力，因此也不同程度地影响了培训效果和管理效率。

（二）教师专业发展程度出现两极分化的倾向

“专业发展导向”的培训倡导“专业自觉，自我更新”，在评价上倾向于“发展性评价”，尊重教师的主体地位，热衷于为教师专业发展提供机会、创造条件、搭建平台、营造氛围。管理者信奉的是“海阔凭鱼跃，天高任鸟飞”的理念，但是至于教师能够“跃”多高，“飞”多高，其中有很多的不确定性。

【档案27】

教师队伍的整体水平可望提高

（说明：此项档案材料摘自《建平实验中学素质教育实验校验收终评专家组反馈意见》，时间为2011年12月）

建平实验中学积极开展校本培训，搭建教师专业成长多元平台，教师专业发展卓有成效；重视师德建设，强化教师的责任感、使命感和荣誉感，受到家长与学生的好评；以“主体参与”为主线开展全员培训，使教师教育教学理念有了明显转变，主体参与意识得到增强，专业素养有了显著提升。需要关注的是教师发展的分化现象，学校有一定比例的高端教师，在浦东新区乃至上海市都处于领先地位，但是也有一批教师的教学观念比较落后，教学方式比较陈旧，教学效果不甚理想，甚至低于同类学校。建议学校要进一步完善教师个人专业发展规划，经过从上到下、再从下到上的反复修改，搭建规划交流平台，要突出计划的专业性，目标的适切性、可检测性。

（以上档案材料来自建平实验中学档案室）

档案27是区督导室专业评估小组对建平实验中学师资队伍的评估报告的节选，认为一方面学校拥有一定比例的高端教师，这些教师在学校宽松的环境下不断飞跃，但另一方面师资队伍整体存在着专业素质参差不齐、部分教师停滞不前的现象。

（三）“实惠、功利”的都市人心态逐渐蔓延

上海作为一个国际大都市，给每一个都市人带来很大的发展空间的同时，也带来巨大的生存压力。在压力面前，人的精神追求常常会向物质追求妥协，于是“大都市”里的“小市民”心态普遍存在，而“实惠、功利”则是小市民心态的典型特征。近几年，随着房价飙升、物价飞涨、消费产品的极大丰富与精致化、品牌化，社会上普遍流行的“实惠、功利”心态在教师队伍中呈蔓延之势。

【案例2】

一位老师的变化

（说明：本案例根据笔者的观察和与个别教师的交流整理而成，时间为2011年10月）

建平实验中学有一位工作认真负责、专业上很有发展潜质的中年老师。她的学科教学和班级管理都颇有成效。学校领导希望她能够在专业上有更大的发展，能够对其他教师起到引领作用。但沟通交流中才发觉她的心态已经在潜移默化中悄然改变。该老师表示能够完成正常的教育教学任务，不希望给自己更大的压力。这件事之后，学校领导才逐步观察到这位老师工作风格的变化。她似乎是想明白了人生该怎样活的道理,她只想完成正常的教学任务,但在专业发展、创造性地开展班级活动方面不再有更多更高的追求。业余时间便是去健身、美容、喝茶等,生活得越来越有小资情调。这位老师在一次和朋友聊天当中终于道出了她的生活真经:"过去我总觉得自己比别人活得累,会有很多抱怨。但是,我仔细观察身边的人,发现有的人早就大彻大悟了。真正想明白以后,我发现很多事情是自己难为自己,总觉得教师很崇高,要求自己要学而不厌、诲人不倦,现在我觉得那些东西都是虚的,再怎么折腾,我不还是老师吗?其实工作只要过得去就好了,自己舒服,家里人也舒服,改善生活质量才是实实在在的。"

从案例2中这位老师的变化,可以看出"实惠、功利"的都市人心态对建平实验中学教师队伍带来的影响,部分教师对教学工作和自身专业发展开始感到厌倦。学校是社会的一个子系统,虽然这个系统有别于企业等组织,但它毕竟不是一个真空地带,随着网络资讯的快速传播,后现代思潮的影响,人们的价值观日益呈现出"多元""非主流"等特点,一个组织所倡导的主流价值常常会遭到不同程度的消解或异化。齐美尔(Georg Simmel)在他的《大都会与精神生活》一文中写道:"大都市厌世态度的这种生理源泉也与源自货币经济的另一种源泉结合在一起了。……这种情绪是对彻底内在化的货币经济真实的客观反映。通过同一种方式与多方面的事物平等起来,货币变成了最惊人的等价物。货币以它那无色彩性和中立性而变成了所有价值的共同单位;它不可避免地挖空了事物的核心、个性、特殊价值和不可比性。……神经在拒绝刺激中找到了适应大都市生活内容和形式的最后可能性。某些个性的自我保留产生与整个客观世界贬值的价格中,贬值最终不可避免地把一个人自己的个性拖入了同样无价值的感觉中。"①生活在大都市的建平实验中学的教师在这个"物质至上"的世界,也不可避免地在努力寻找适应大都市生活的最后可能性,"专业发展导向"的校本培训的价值面临着被掏空的危机。

---

① Georg Simmel. 桥与门——齐美尔随笔集[M]. 涯鸿等译. 上海:生活·读书·新知三联书店,1991.

第四章　学校新时期“对话管理导向”校本培训的探索

在第二章和第三章，笔者分别论述了“绩效管理”与“专业发展”两种导向的校本培训模式实施的背景、实践的成败。笔者认为，学校在走过初创期，进入内涵发展的时期，实施“专业发展导向”的培训无疑是正确的选择，这是由教育功能、教师专业、学生成长的特点决定的。然而，面对这种培训模式在实施过程中出现的种种弊端，面对更为复杂的办学环境，作为管理者要结合学校当下的组织氛围，总结学校发展的历史经验与教训，顺应社会经济文化的发展，与时俱进，积极探索，改进培训模式，以期促进教师和学校共同成长。

一、关于“绩效”与“专业发展”两种管理导向的辩证思考

（一）“绩效管理”与“专业发展”两种管理导向培训的适用条件

笔者通过对“绩效管理导向”与“专业发展导向”两种校本培训模式实践的总结，可以看出两种培训模式的差异。

表 5:“绩效管理导向”的校本培训与“专业发展导向”的校本培训比较

培训模式 / 培训要素	“绩效管理导向”的校本培训	“专业发展导向”的校本培训
培训动机	以满足学校发展需要为主	以满足教师成长需要为主
培训目的	提高考试分数、提高教学质量，重视奖惩	促进教师可持续发展，强调指导、帮助、改进
培训方向	倾向于近期绩效目标	倾向于未来长远发展
培训重心	讲究工作、任务的完成	注重人的变化、发展
培训主体	校长、管理者团队	校长、管理者团队、教师

（续表）

培训要素＼培训模式		“绩效管理导向”的校本培训	“专业发展导向”的校本培训
培训内容		基本教学技能、教学质量监控	理论与实践结合的研究、反思
培训形式与方法		以集中培训为主，计划、组织、指挥、激励、协调	以日常研修为主，探究、发现、合作、交流
培训管理	人性假设	X理论　经济人	Y理论　社会人　复杂人
	领导方式	集权，管理者做决定，教师被动接受	分权，教师参与决策，主动发展
	管理风格	刚性管理、控制教师	柔性、弹性管理，尊重教师
	动力机制	学校外在推动力	教师内在驱动力
	评价考核	奖惩性绩效考核，倾向于定量	发展性多元评价，倾向于描述
	关注对象	教师群体行为	教师个体差异
组织氛围		控制型氛围	开放型氛围

表5中，笔者从培训动机、培训目的、培训方向、培训重心、培训主体、培训内容、培训形式与方法等培训要素，培训管理以及形成的组织氛围等方面总结了两种培训模式的不同。两者的根本区别在于理论基础的不同，“绩效管理导向”的校本培训基于古典管理理论，注重学校绩效目标的实现，教师是为了实现目标所使用的工具，管理的风格比较刚性，对教师的管辖和控制倾向较为突出；而“专业发展导向”的校本培训基于人本管理理论，注重教师在培训中的主体地位，教师的专业发展不再作为工具而存在，而是凸显了教师的本体价值，管理的风格比较柔性，尽可能地尊重教师、满足教师的需要。

通过建平实验中学校本培训的探索过程来看，两种培训模式并无孰优孰劣之分，一所学校采用哪一种培训模式，取决于学校发展的历史阶段，取决于社会环境的发育程度及其对学校、对教师的影响。这两种导向的培训模式也不是截然分开的，某些时候，两者也是并行不悖的。

1. “绩效管理导向”的校本培训的适用条件

建平实验中学在学校初创期的“绩效管理导向”的培训解决了学校当时面

临的主要任务——“学校争一流，中考创佳绩”的绩效目标，并且得到了教师的支持和家长的认可，结合第二章所引的档案材料、案例、访谈等资料，结合相关论述，笔者分析其适用条件有如下特点：

一是学校办学之初，处于组建队伍、建章立制等组织建设的初级阶段，生源、师资、声誉等各方面基础都比较薄弱，学校面临着外部行政威胁、社会期待挑战，需要通过分工明确、责任到人、量化考核、评比竞争等从严治校的方式促使教师努力学习和工作，以“短、平、快”的方式帮助学校度过危机，完成考试分数等易量化的硬指标。

二是教师整体专业发展程度偏低，教师处于职业发展的“生存关注”阶段，学校需要“整齐划一”的统一培训来提高教师的教学能力，需要打造一支听从指挥、胜任工作、吃苦耐劳的教师队伍，提高教师的工作积极性，形成一个“正气”的团队，完成学校的绩效目标。

三是学校人际关系比较单纯，非正式组织尚未形成或影响力不大，行政权威对组织氛围的影响起主导作用，教师个性比较收敛，多数人能够以大局为重，集体荣誉感较强，绩效管理的培训能够较少障碍地实施。

四是社会对教育的诉求突出表现为对效率的追逐，家长对子女教育的思想观念受制于社会经济发展水平，表现为不够先进，不够开放，普遍认为素质教育不过是一句口号，他们默认甚至推动学校以考分量化考核为主的教师管理，以保证其子女“不输在起跑线上”。

2.“专业发展导向”的校本培训的适用条件

建平实验中学在学校发展期的“专业发展导向”的培训，伴随着社会经济文化的发展，顺应“以人为本”的社会潮流，关注师生的心理需求，一定程度上促进了教师专业发展。结合第三章所引的档案材料、案例、访谈等资料，结合相关论述，笔者分析其适用条件有如下特点：

一是学校发展进入平稳期，办学基础较好，有一定的社会认可度，学校绩效考核达标，在校长的领导下逐渐形成了自己的教育理念，生源水平也随之提高，学校需要在原有基础上寻求可持续发展，提升学校的内涵。

二是教师队伍整体素质基本达标，多数教师有一定的教学经验，处于职业生涯的“情景关注”或“学生关注”阶段，需要“关注差异，因材施教”的培训来激发教师专业发展的愿望，满足教师成长的需求，激发教师研究教育教学的内驱力，承担学校教书育人的使命。

三是随着社会进步，教师经济收入的不断提高，人本主义成了一种主流思潮，学校组织氛围更为专业化，以人为本的教师自我意识普遍觉醒，教师对职业的幸福感有一定要求，绩效管理经常遇到障碍或很难行得通，民主管理、参与管理成为教师的普遍诉求。

当然，两者在实践层面有时不是泾渭分明的，有时在“绩效管理导向”的培训中也会有促进教师专业发展的举措，而“专业发展导向”的培训中也会有绩效管理的举措，两者时有重叠和交叉。无论以那种导向的培训为主，都不可能完全摒弃另一种导向，两者对提高学校的办学质量都是至关重要的。

（二）对“绩效管理导向”校本培训的再认识

2009 年 9 月国务院总理温家宝主持召开国务院常务会议，决定在公共卫生与基层医疗卫生事业单位和其他事业单位实施绩效工资。会议指出，实施绩效工资是事业单位收入分配制度改革的重要内容。在规范津贴补贴的同时实施绩效工资，逐步形成合理的绩效工资水平决策机制、完善的分配激励机制和健全的分配宏观调控机制，对于调动事业单位工作人员积极性、促进社会事业发展、提高公益服务水平，具有重要意义。事业单位实施绩效工资分三步展开：第一步从 2009 年 1 月 1 日起先在义务教育学校实施；第二步从 2009 年 10 月 1 日起，在基层医疗卫生事业单位实施；第三步从 2010 年 1 月 1 日起，在其他事业单位实施。事业单位实施绩效工资的同时，对离退休人员发放生活补贴。从国务院的这一决定可以看出政府对公共事业单位的绩效管理导向。绩效工资首先在中小学施行，这就要求学校不仅在认识层面重视绩效管理，更要在学校管理当中贯彻执行绩效管理。

笔者在第二章第四节论述了“绩效管理导向”的校本培训取得的成绩与存在的问题，特别指出这种培训模式促进了“控制型”组织氛围的形成，在一定程度上滋生了教师的职业倦怠。事实上，没有任何一种管理模式、培训模式是完美无缺的，“绩效管理”的理论基础是古典管理理论。现在，尽管有人认为这种倡导科学管理的理论有很多的不适应性，但其实在学校管理、教师评价等方面，它仍然具有相当普遍的影响。应该承认，随着社会的进步和理论的发展，绩效管理模式已经有了新的时代特征，它所倡导的责任原则、竞争原则、激励原则、奖惩原则和公平原则已经被注入更加丰富的内涵。[①] 因此，随着时代的发展它不断焕发出生命力，在各级各类组织的管理中发挥着重要作用。

1. 绩效管理仍然是公共管理的主导模式

纵观当下公共管理的趋势，诚如欧文・E・休斯在其《公共管理导论》一书中所论述的，从 20 世纪 80 年代初期开始，无论是在人事还是在机构方面，绩效管理都正在发生转变。绩效评估制度比以前的制度提供了更多的信息，而绩效指标使机构的绩效评估有助于特定目标的实现。在公共部门中也可以进行绩效测量，虽然这种方法还不够完善，但也没有放弃对绩效指标使用的理由。[②] 由此可见，绩效管理仍然是公共事业单位所采取的主导管理模式，实施绩效工资是推进绩效管理的强有力的行政手段。回顾反思建平实验中学建校初期的校本培训，虽然带有明显的绩效管理的倾向，但是仅仅是处于起步阶段，与科学、系统、成熟、完善的绩效管理尚存在很大差距，在制度建设、人性化变革等方面还需要加强。

在目前这样的政策背景之下，建平实验中学不但不能完全放弃绩效管理，反而要认真执行国家政策，制定科学的绩效考核方案，把教师的工作、培训、进修、评价都纳入绩效管理体系，以提高管理的效能。

2. 绩效管理不等同于简单的量化考核

通常而言，绩效管理更适合考核教师工作当中可以量化的部分，如教师的工作量，包括周课时数、班级数、学生人数、进行公开教学或教育活动的次数、学生的考试成绩、与学生和家长沟通的时数、教师参加培训的次数、培训作业完成的分数等。在实施绩效管理的同时，也要兼顾教师工作当中难以量化的

---

① 王斌华. 教师评价：绩效管理与专业发展[M]. 上海：上海教育出版社，2005：20.

② 欧文・E・休斯. 公共管理导论[M]. 北京：中国人民大学出版社，2007：189.

部分，诸如教师的工作态度、合作意识、责任心与爱心，教师参予培训的内在收获和滞后性的成果，教师专业发展的意识，自我反思的能力等，因为这些因素恰恰更能表现教师不同于其他职业的专业特性。在建平实验中学，有很多教师在规定的工作量之外，无偿地为学生奉献，给予学生难以测度的关爱，想方设法改进自己的教学，激发学生的创造力，用自己的人格魅力去影响学生。他们这些工作是难以测量的，但又是教育的魂之所在，是学校要积极倡导、大力弘扬的。管理者在实行绩效管理、进行量化考核的同时，要积极探索多元的评价方式，通过展示、交流、描述等“软性”评价，对教师的优秀表现进行肯定、赞赏、鼓励，以保护他们的积极性，引导全体教师不断提升专业素养。

二、组织目标——学校发展与教师幸福感的统一

教育是培养人、造就人、发展人的事业。以人为本是教育的基本价值，它把教育和人的幸福、人的自由、人的尊严、人的终极价值联系起来。现代教育的人本观在确立学生“学”的主体地位的同时，也确立了教师的本体价值。作为职业主体的教师的幸福感也成为检验学校管理成效的一个重要标尺。笔者对建平实验中学教师的“幸福感”问卷调查结果显示出该校教师幸福指数并不理想，具体调查结果见下表6：

表6:教师幸福感问卷统计

样本	问题	很幸福	比较幸福	一般	不幸福
教师数 $N=199$	目前学校的工作让您感到幸福吗	19	47	70	63
	占比例	10%	23%	35%	32%

由表6可以看出，建平实验中学教师的幸福感调查结果并不乐观。感觉到很幸福的人竟然只有10%，加上感觉比较幸福的也只有33%，而感觉一般和不幸福的人数加起来比例高达67%。那么，影响教师幸福感的主要因素有哪些呢？调查结果见下表7：

表 7:教师幸福感问卷统计

教师数 N=199	影响您职业幸福的主要因素有	工资和待遇	领导的认可	学生的变化	个人的专业发展	学校的文化氛围	学生和家长素质	社会的认可度
	选择人数	18	24	52	43	27	20	15
	占比例	9%	12%	26%	21%	14%	10%	8%

通过表 7 可以看出,“领导的认可”“学生的变化”“个人的专业发展”“学校的文化氛围”是影响建平实验中学教师幸福感的几个主要因素,在该项调查中所占的比例都比较高,分别是 12%、26%、21%和 14%。该统计数据在下文的访谈 4 节选内容中也得到了印证。可见,要想提高教师的幸福感必须要重点做好这几个方面的工作,处理好几个要素之间的关系。

【访谈 4】

“元老”级教师集体访谈节选三

(说明:在 2011 年 4 月笔者组织了一次小型会议,对 2000 年之前调入建平实验中学的 8 位“元老”级教师进行了集体访谈,主要是了解他们对学校建校以来不同阶段校本培训的真实体验,以下为访谈内容节选三)

笔者:刚才 H 老师谈到老师们有点打不起精神的感觉,我在做问卷调查的时候也发现了教师的幸福指数不是很高,我想了解一下,从你们的角度来看,究竟是什么原因导致了这样的情况呢?

P 老师:我觉得主要还是工作负担太重,工作量太大,特别是考试科目的老师,好像总是深不见底,付出多少都不嫌多。

W 老师:学校搞了一些培训和研修项目,但是,很多都形式化了,觉得走过场的比较多,对教师专业水平提高的促进作用不大。

S 老师:其实,老师们心里都明白,学校看教师的教学业绩,最看重的还是分数。学校不可能具体了解到每一个孩子的品格是怎么形成的,不太了解老师为了孩子们的变化究竟做了些什么。但是,只有老师自己知道在每一个孩子身上倾注了多少心血。

H老师：其实，老师们也很看重分数，但是，分数真的不是快乐的全部。其实，让老师最花费精力、最动心的还是学生一点一滴的变化。如果学校能够在培训中提高老师这方面的本领，并且认可老师这方面的付出，我想，老师们干劲还是很足的。

笔者：很好。大家谈得很深刻。看来，我们真需要好好交流对话，倾听大家的心声，这样，才能更好地改进工作。访谈就到这里，非常感谢。

通过访谈可以看出，建平实验中学教师幸福感不高的深层原因是学校组织目标过于偏重对教师的绩效要求，过于讲究效率，对教师的精神需求关注不够。领导如何看待教师的成就和教师希望领导如何看待自己的成就之间总是存在分歧。管理者总是被这样一对矛盾困扰着：绩效即教师在学校组织目标实现中贡献的业绩效率，学校借此对教师付酬；而教师的行为，除了考勤、上课、写论文、批改作业、助学生考上好学校或就业成功等显性可以计量的结果之外，其实还存在着教师的尊严与良知、道德教化的过程、潜在的或迟效的成果等内隐的价值，而这些价值是难以赋值打分的。①

无可否认，在当前的教育背景下，考试仍然是选拔人才的主要方式，考试成绩也是衡量学校和教师教学质量的主要指标。但是，随着素质教育的不断推进，课程改革的不断深入，教育内部乃至外部都普遍认识到教师发展才是学校可持续发展的基石，正如清华大学梅贻琦校长的名言"所谓大学者，非谓有大楼之谓也，有大师之谓也"。没有好教师，就没有好学校，中小学也概莫能外。外在的社会需求和教育内在变革都在推动教师管理的变革，它们对教师的角色期待也朝着更为专业化的方向转变，更加关注教师的专业发展，培育教师的职业精神，提高教师的幸福感。这就要求学校管理者要客观地看待绩效成果，要有大绩效管理的理念，不能只注重分数等量化的指标，还要真正地从"以学生发展为本"的角度出发，关注人的精神成长，关注人的潜能开发，关注人的生命体验，关注人的全面发展。同时，也要引导

① 葛大汇."绩效"背景下的教师隐性或道德行为评价[J].学校测量与评价，2011，(6)：8.

教师正确看待成就感，既要重视自己的教学成绩、教学效率等外显的量化成就，做一个过硬的“经师”，也要讲求职业道德、探索教育规律、追求教育艺术，做一个富有人文情怀的“人师”，在成全学生的同时也成就自身的职业价值。这样，就会使学校的发展要求与教师幸福感有机统一，教师的职业才会苦中有乐，其乐无穷。

建平实验中学两个历史时期的两种导向的校本培训，都取得了可贵的成绩，积累了宝贵的经验，但是都难以真正解决教师管理中的专业发展与绩效管理之间的冲突与背离问题。叶澜教授在学校变革的管理价值观中强调“成人”与“成事”的一致性，认为“成人”之“人”不仅指学生，更重要的指教师，成教师之人本身应该成为变革的价值追求，而不只是手段。成事之事首先指“新型学校创建”之事，也包括学校的其他教育实践。[①] 这为建平实验中学的教师培训带来了启发：学校的组织目标要定位于对教师的发展要求与教师幸福感的统一，教师的幸福感越高，完成学校绩效目标的效果越好，两者既相互依存又可相互转化。围绕这一目标，学校要积极探索能够确立教师主体地位、唤醒教师专业自觉、激发教师专业情感、发掘教师潜能、提升教师专业素质的校本教师培训模式，以实现教师乐教、学生好学，教师和学校发展的“双赢”局面，促进教师和学校共同成长。

三、走向“对话管理导向”的校本培训

教师专业发展是当今世界教师教育的主流，教师专业发展的模式也逐步由注重知识补偿教育的“理智”取向转变为主张反思性实践的“实践——反思”取向，主张构建合作的教师文化的“生态”取向。学校是教师专业发展的最核心生态圈，校本培训因其注重真实教学场景中的实践，在教师专业发展中的作用日益凸显出来。建平实验中学建校以来的校本培训取得了显著的成效，积累了丰富的经验，在当下学校发展的新的历史阶段，出现了“瓶颈期”现象。通

---

① 叶澜.“新基础教育”论——关于当代中国学校变革的探究欲认识[M].北京：教育科学出版社，2006，(9)：337.

过对学校办学历史的考察，对当下办学的内部与外部条件的分析，笔者提出"对话管理导向"的校本培训模式，以期真正关注教师的成长需求，提高教学质量，改善组织氛围，促进学校的"成事"与"成人"。

（一）"对话管理"与"对话管理导向"校本培训模式的内涵

对话是人们交往的主要方式，缺少了对话的生活是难以想象的。一个人通过对话理解他人，理解世界，也能更好地理解自己。一个人的对话质量常常决定了他的生命质量。德国学者加达默尔认为，"对话就是对话双方在一起相互参与以获得真理"。① 德国的马丁·布伯则强调真正的对话是"从一个开放心灵者看到另一个心灵开放者之话语"。② 俄国哲学家巴赫金认为："对话是同意或反对的关系，肯定和补充的关系，问和答的关系。"③对话作为一种教育行为最早可追溯到古希腊苏格拉底的"产婆术"。"对话管理"一词在我国最早出现在南京师范大学张新平教授 2006 年完成的《教育管理学导论》一书中。关于对话管理的定义，代表性的观点有如下几种：

对话管理是学校有关人员针对学校行政事务所进行的信息、态度、意见、观点等的口语交流历程。对话是一种管理情境，即管理主体间全身心地创造平等和谐、互惠互利、积极健康、真诚交谈、彼此欣赏的管理氛围；更是一种新的管理理念，即对话双方只有作为有着完整个性、有着独特地位和尊严的人而对话，才能揭开管理的真正奥秘，发现管理的价值和意义。对话管理是民主合作的管理，对话管理是互利共赢的管理，对话管理是开放探究的管理，对话管理是真诚理解的管理，对话管理是以建构学习型组织为取向的管理，对话管理是强调批判反思的管理，对话管理也是以现实关系的互主体性的人的假设为指向的管理。对话管理是一种通过对话方式、体现对话精神、激发对话资质的学校管理方式，是学校管理发展的必然诉求。

综合上述定义，笔者认为学校对话管理是指管理者与管理对象之间以互

---

① 王红菊，张金福. 人文关怀：弗莱雷"对话式教学"的核心理念[J]. 教学与管理，2004，(2).

② 陈国民. 论对话管理的价值取向及路径选择[J]. 教学与管理，2010，(11).

③ 程翠英，张晓亮. 对话管理：对传统教育管理观的批判反思[J]. 理论经纬，2007，(2).

主体性的现实关系为基础，尊重彼此的主体权利，平等对话交流，积极协商理解，促进观点立场的融通，实现人与组织和谐共进的管理目标，体现对话精神、激发对话资质的一种民主、合作的管理方式。

在对话管理定义的基础上，笔者提出构建“对话管理导向”的校本培训模式。具体是指学校管理者与管理对象本着对话理念，充分尊重对话方的主体地位和权利，积极营造开放、民主、平等、合作、共赢的对话氛围，在实施校本培训的过程中建立起教师与领导、学生、家长、专家、自己之间的多元对话机制，开展以对话为特征的各种形式的培训活动，并以多元价值观的“对话”作为一种评价方式，对教师的教学和研究进行交流、诊断、劝诫、鼓励、引导、改进与支持，以促进教师的专业发展，促进学校的可持续发展。

“对话管理导向”的校本培训模式是针对“绩效管理导向”与“专业发展导向”培训模式中出现的教师个体需求与组织目标间离、学校对教师的绩效要求与教师的幸福感之间的矛盾、管理者与管理对象之间关系的断裂等问题提出的。这一培训模式通过抓住“话语权”这一管理中最为关键的要素，也是最为核心的技术，来统整校本培训的各个要素，通过对话促进培训主体的觉醒、更新与自我实现，实现“人”的满足与“组织”的和谐，形成融合、统一、共赢的局面，实现校本培训实施策略和价值的超越性提升。

（二）“对话管理导向”校本培训的实施策略

1. 学校管理者与被管理者的角色转换

在通常的管理观中，学校负责某项工作的人就是领导，参与同项工作的人是群众。领导与群众的区别在于前者决策，后者执行。他们的关系是决策者与执行者的关系。尽管在强调民主管理的重要性的同时，我们补充了群众参与决策和反馈评价决策的权利，但只是从决策机制的角度提出关系性质并不会带来太大的实质变化。应该说，这种关系是管理过程中不可缺少的一面，但不是十分充足的，难以构成成人成事价值观为指导的人际关系。若要想使学校工作中每个人能在成事中成人，那么学校的人际关系应向责任人与合作者的方向更新，而且每个人在不同层面上和不同的方面，都分别承担着责任人与合作者的双重角色。人意识到并承担这样的双重角色，学校中的个体和群体的积极性和效率会发挥到可能条件下的最佳状态。① 实行对话管理首要的是管理者和被管理者角色的转变，管理者要改变管理就是“管人”的思想观念，改变“以权力为中心”的自我意识，改变自上而下发号施令的管理方式，代之以“管理就是促进合作”“管理就是服务”“管理要学会换位思考”“管理就是对话”等管理思想和方法。管理者应该主动向被管理者授权，激发被管理者的对话资质，使他们在拥有权利的同时真正负起参与学校管理的责任。被管理者也要改变过去的被动执行的下属角色，要主动参与管理对话，行使自己的话语权，以主人翁、合作伙伴的姿态主动承担起促进学校发展的责任，主动与其他主体合作，完成自己的使命。“对话管理导向”的校本培训在培训方案的制定、培训内容、活动设计、培训评价等方面都要实现教师与领导的对话，打破原来领导的“自说自话”，在对话中发现教师真实的、深层的需要，通过对话使教师成为培训的责任者与合作者，激发教师参与培训的积极性。

【档案 28】

倾听智慧，珍藏情怀，共绘蓝图

（说明：此项档案资料摘自“我为建平实验改革创新献一策”活动报道，时间为 2015 年 9 月）

2015 年 8 月，由建平实验党政工联合开展的“我为建平实验改革创新献一策”活动如一颗火种，瞬间引燃了建平实验人共建精神家园的激情。

期间，我们共征集到了近两百条建言，经校务会反复斟酌，评选出了“上策”“妙策”“良策”共计 36 策。

无论是入职不久的王奕敏老师（良策），人到中年的汪小奕老师（妙策），德高望重的曹冠华老师（上策），还是平日里默默工作、以 1623 字建言一鸣惊人、获评“上策”的周扬老师……每一个建平实验人，都焕发出了前所未有的热情。

献一策，让我们得以倾听老师们的智慧；

① 叶澜．“新基础教育”论——关于当代中国学校变革的探究与认识[M].北京：教育科学出版社，2006，(9)：338.

献一策，让我们得以珍藏老师们的情怀。

在学校制定新一轮发展规划的关键时刻，“我为建平实验改革创新献一策”活动，显然是让老师们感受到了新校长、新团队带领大家共绘蓝图，再攀新高的信心、决心和诚心。

“发动历届毕业生、退休教职工、在校师生书写建平实验园。围绕一人、一景、一物、一事、一情，共抒校园情怀，畅享美好梦想”“建立学校的题库系统和课件系统，形成资源共享，减轻学生、教师、学校负担，提高学校整体教学效率”“建立全学科的网络教案和课件备份体系”“开展师生校园文化节”“加强校区间联合教研”……

我们感动于每一条建言，它们寄托着老师们期盼学校蒸蒸日上的拳拳爱心；

我们感叹于每一次对话，它们释放出老师们关爱学校、渴望其精益求精的聪慧才智。

2015 年 9 月，我们举行了隆重的“我为建平实验改革创新献一策”颁奖典礼。我们以这样的方式，拉开了庆祝第三十一个教师节的帷幕，也拉开了推动学校发展再上新台阶的序幕，在建平实验的发展历程中书写了浓墨重彩的一笔。

档案 28 所记述的“我为建平实验改革创新献一策”活动让每一个老师意识到了自己存在的重要性，在全体教职工的血液中融入了“作为建平实验人的责任与良知”的兴奋剂与营养素。对每一个老师而言，这种对话是一种内在的激活与撬动，是一次对心灵的触动、对精神的解放。教师优秀的行为特质缘于一种文化魔力，当一个老师的自尊、自信、自主被唤醒了，他的道德感和使命感也随之而来。即使工作中需要付出艰辛的努力，教师也愿意投入与付出，而不需外在的监督和控制，并且会全力以赴，并不简单满足于工作和任务的完成，而是主动追求工作和任务的出色与卓越。

人是学校发展中最活跃的因子，让学校具有生命的力量，必须从“点燃”教师、重塑“角色”开始，“智慧众筹”找到了学校文化变革的密码和拐点，是提升校本培训品质的动力与源泉。

2. 建立“对话协商”的议事制度

建平实验中学在过去的办学历程中，曾出现过对话管理的端倪，在教学管理、培训管理中自觉或不自觉地开展管理者与被管理者之间的对话，使得很多问题、难题迎刃而解，收到了较好的管理效果。

【案例 3】

“天大的事情”商量好了

（说明：此案例根据笔者的亲身经历整理而成，案例中事件发生的时间为 2003 年 1 月）

建平实验中学初三英语期末考试成绩在全区排名失去了领先的优势，甚至还落后于几所学校，这对于考试成绩一向领先的建平实验中学来说，无异于发生了“天大的事情”。初三英语备课组长找到了教学主管领导，沮丧而又悲愤地说：“今年中考，我们学校的英语肯定完了，不会有好成绩的。”领导问他是什么原因导致这个问题。他回答说：“不是老师不努力，也不是学生不肯学，是我们的教材用得不好，这是我校第一届使用牛津英语实验教材的学生参加中考，今年区内只有三所学校用这本教材，其他学校都用老教材，考试命题是照顾大多数的，所以，牛津教材是弱势群体，没有优势的。现在，组内的老师都很灰心丧气。”

学校高度重视这个问题，召开备课组紧急会议，请老师们畅所欲言，谈教学问题，分析教材的优势和劣势，积极寻找改进的办法，还特地邀请了相关的专家答疑解惑。最后，通过对话达成了共识：考试是按照课程标准来命题的，不会倾向于哪一套教材，牛津教材词汇量大，注重读写听说，优势明显，略为不足的是语法不如老教材系统。区内考试命题者用的是老教材，市里统一考试不会出现这个问题。

老师们的顾虑消除了，他们开始振作精神、分工合作，系统地梳理了语法知识，以补充教材的不足。“天大的事情”就这样商量着解决了。在当年的中考中，建平实验中学英语成绩再次名列前茅。

案例 3 可以看作是一次无意识的“对话管理导向”的专题研讨会，由于会议组织者激发了教师的对话资质，使得教师作为对话主体，充分地使用了自己的话语权，表达了自己的困惑，诉说了自己的苦衷，展现了自己的智慧，他们作为一个责任者与合作者积极主动地解决教学中遇到的难题。类似这样的会议，建平实验中学还有很多，如薄弱班级教育教学专题研讨会，班主任工作研讨会，等等。这些会议不是组织者的"独白"，而是与参会者的真正对话和认真商量。他们通过对话促成了相互之间的理解和自我理解，消除了问题解决过程中的障碍，不仅达到了预期的管理目的，甚至还能生成许多新的成果，很多高明的措施是从基层的土壤里"长"出来的。原本是管理者要做的事情现在变成了教师们认为应该做，也是他们想要做的事情，对话自然地把学校的绩效要求和教师幸福感统一了起来。

如果说类似的研讨会仅仅是"对话管理"的雏形，当下建平实验中学也在此基础上加强了"对话协商"议事制度建设，如工作计划务虚会、各类专题研讨会、小型会议、深度会谈制度、各类座谈会、工作经验分享会、教代会、听证会、教育成果展示等，将学校大大小小的需要决策、解决的事务分解到不同的层面、不同的部门、不同的专业团队来进行协商对话。在对话中，必须遵循一定的原则，那就是不能给权力和等级以任何特权，而是每个对话者都作为自我存在的平等主体，每个人在一个自由的空间里都有言说的机会。同时，也不能借助权威、通过独断的方式解决对话冲突，而需要通过各主体共同协商、平等对话来解决。① 有了制度，对话管理就能得到稳定持久地贯彻落实。

自 2009 年在事业单位实施绩效工资以来，其所倡导的多劳多得、优劳优得的原则对科学的任务管理、合理的工资分配起到了一定的规范和推动作用，但同时也给学校的发展带来了一些障碍与问题。因教育的复杂性，教育工作者有很多付出与成果是难以测量的，单一的硬性管理使得合作意识、奉献精神被削弱，学校的文化氛围被破坏，教育的本质内涵受到冲击。后绩效工资时代

---

① 喻小琴.比较视域中的学校对话管理现状与反思——以中、澳两国中小学行政对话为例[J].外国中小学教育，2008，(5)：60.

的文化重建、管理机制重建、人际关系重建等问题已经成为各校管理者无法规避的重要议题。以下这个绩效工资方案在建平实验中学得以顺利通过就充分说明，基于倾听、达于理解、形成共识的“对话管理”无疑是破解对立矛盾、消除负面影响、救治绩效量化弊端的理性选择。

【档案 29】

最敏感、最棘手的事情做得最顺畅、最感人

（说明：此档案节选自建平实验中学绩效工资方案制定、实施工作总结，时间为 2015 年 10 月）

绩效工资方案的调整是关系到学校发展与教职工权益的重大问题，对于一个拥有 200 多名员工的大校来说无疑是一个艰巨的挑战。切中肯綮方能游刃有余，笔者认为处理好干部与群众（骨干与非骨干教师）、考试科目教师与非考试科目教师、一线教师与二线教师这三对矛盾关系，是绩效工资分配方案能否顺利通过并被广大教师认可的关键。而调和冲突、嫁接断裂必须要构建多主体、多层次、多渠道的对话平台，让每一个教职员工都有机会积极参与、充分交流，于是建平实验中学在年级组、教研组、教师代表、中层干部、校务委员等不同范围内召开了有关绩效工资调整的座谈会，以确保每一个教职员工的切身利益得到保障。然而对话并非没有边界的随意宣泄，笔者在召开会议前提出了有关对话的三个原则：一、在政策许可框架里的对话才是理性的对话，才是有效的对话；二、应有角色转换的意识，通过换位思考提升对话的品质，真正建立起命运共同体的友爱情感与支持关系；三、以共享信念、共同愿景、公共价值观激发教师发展的内驱力，建立学校良性运行的机制。

经过多方会谈、友好协商、理性论辩，建平实验中学绩效工资调整方案全票通过，管理者和广大教师之间达成了高度共识。比这一结果更令人感动与欣慰的是，“人人自我、斤斤计较”的无大局观、无长远眼光的文化陋习在不断消释，取而代之的是彼此体谅、互相尊重、追求发展、互利共生的精神重建。比如会议上任课教师由衷地慨叹班主任的辛苦与操劳，一致要求提高班主任待遇；比如资深教师为了学校的可持续发展，提出建立年轻教师课题参与、论文

发表、公开课展示的奖励制度;比如骨干教师和党员干部主动提出放弃增资的机会,等等。

(以上档案材料来自建平实验中学档案室)

档案29体现了建平实验领导者崇尚尊重、倡导民主、赋权增能的管理理念。让教代会讨论审定学校重大方针政策的民主决策机制,让全体教师共同讨论、共同参与、共同制定学校制度的开明开放的议事过程,保证了方针政策的科学性和可行性,为学校制度的贯彻奠定了心理基础,减少了落实阻力。重心下沉、扁平化的对话管理,促进了学校文化的个性化、内向化和习惯化,加速了局部利益向公共利益的转化。

3. 探索"多元对话"的培训形式

顾泠沅教授在《再造教师的学习文化》一文中指出:"教师不应该是一个孤独的职业,教师职业的欢乐和痛苦需要一个群体来共同分享。"这个群体要由教师同伴、学校领导、专家、教研员、骨干教师等多方面的人员组成。教师可以从同伴那里获得支持与挑战;可以从学校领导那里获得引导与扶持;可以从专家、教研员那里获得理论的指导;可以从骨干教师那里获取鲜活的教学经验。[①] 笔者所在的上海市建平实验中学积极探索以促进对话为核心的校本培训,通过促进教师的多元对话来提升教师的对话意识、对话能力与对话素养。

(1) 与自己对话,"明白我是谁"与"成为我所是"

这能帮助教师更好地认识自我、认识世界。教育究其实质来说是一种特殊的交往,交往中教师与学生的关系、与知识的关系无疑是重要的。然而,对这些关系起着制约作用的是教师与自己的关系。一个人不能很好地认识自己,就不能很好地认识世界。当前教育中发生的很多的问题,多数源于教师对自我认知的缺乏。帕克·帕尔默认为,认识学生和学科主要依赖于关于自我的认知。好的教学来源于教师的自身认同和自身完整。[②] 古希腊的神庙里刻

---

① 李百艳. 教师专业成长的对话框架[J]. 新课程,2007,(10).

② 帕克·帕尔默. 教学勇气　漫步教师心灵[M]. 吴国珍,余巍,等译. 上海:华东师范大学出版社,2005:13.

着这样一句话:“人啊,认识你自己。”可见,认识自己有多么重要。一个人愈能坦诚地面对自己的情感,愈能准确地阅读别人的感受。上海市建平实验中学通过邀请心理学专家讲座、鼓励支持教师进修国家二级心理咨询师等方式,启迪教师从心理学理论与原理视角来认识自己,了解自身人格构成的本我、自我和超我。通过案例研究、教师叙事研究、撰写教学反思、通过微信美篇讲述成长故事等形式引导教师反思自己、栽培自己与超越自己,最终“成为我所是”。当教师能够觉知自己的优势和缺点,总结得失与苦乐,叩问自己的内心与灵魂,能够自我悦纳的时候,就多了一份睿智与慈悲,对学生就会多一些理解与共情。

(2) 与学科对话,“学科情结”与“学科症结”

教师的专业情感在更多的时候表现为对本学科本专业的热爱、精通甚至痴迷。真正热爱学科的教师,在他的心目中,这门学科是有生命力的。上海市建平实验中学的校本教研在完成日常的备课、上课等常规动作基础上,通过开展主题教研活动研究学科学术热点、教学难点,组织每个教研组开展“探究学科魅力”的论坛和组织开展“探寻学科的魅力”作文竞赛;通过开发“聆听名家”“读名师、读名著”校本培训课程,挖掘学科的独特魅力,与自己所教的学科进行深层次的对话,凝聚教师的“学科情结”,鼓励教师解决教学中存在的“学科症结”,进入学科世界的奥区。

(3) 与学生对话,促进学习发生,打开学习过程

这使教学从预设传授走向互动生成。克林伯格曾指出:“在所有的教学中,进行着最广义的‘对话’。不管哪一种教学方式占支配地位,这种相互作用的对话是优秀教学的本质性的标志。”[①]东方和西方教育史上各有一位擅长对话教学的大师——孔子和苏格拉底,他们教学的最大魅力是通过对话激发了学生的智慧,提升了学生的精神境界。传统的传授式的教学方式难以落实新课程提出的“以学生发展为本”的理念,无法满足学生成长发展的需要。“对话管理导向”的校本培训致力于推进对话教学,追求教学的人性化和创造性,通

① 靳玉乐. 对话教学[M]. 成都:四川出版集团,2006.

过提问与回答、交流与探讨、独白与倾听、欣赏与评价，在师生互动、生生互动中不断生成新的教学资源，编织精彩的课堂，释放师生的智慧，促进师生的精神成长。

（4）与同侪对话，实现默会知识到显性知识的充分共享

教师与同侪对话是学校中最普遍也是对教师的成长影响最大的一种对话。相同或相近的工作岗位、工作任务、工作环境使得同侪之间有了更多对话的内容和对话机会，熟悉的人在讲自己熟悉的事，不仅有痛苦冷静的反思，更有成长的快乐、成功的喜悦，很容易引发共鸣。“对话管理导向”的校本培训应创造更多正式的同侪对话的机会，如经验交流会、沙龙、教师论坛、共同体研究等，以促使教师之间互相启发、互相帮助、共同进步，也可以达到彼此宣泄，获得安全感、归属感等效果。同侪对话也有助于发挥专家型教师的影响力。专家型教师的知识、实践智慧常常是镶嵌于实践之中的，是默会的，但是默会知识和明确知识两者构成“冰山”上下关系的模型，互为作用，不可割裂。因此，可以说成为专家型教师，他们的学习与创新应该呈现四种基本行动方式：听中学、做中学、听懂的东西做出来、做好的东西说出来。[①] 同侪之间的对话，把教师在教学实践中容易丢失的、散落的，自身没有发现的知识挖掘出来，整合起来，提炼出来，让难以言传的默会知识外显出来，从而潜移默化地相互影响，共同成长。

（5）与专家对话，“高空喷洒”与“根部滴灌”

建平实验中学建校以来的培训比较注重专家的引领作用，但是，并没有实现教师与专家的平等对话。专家常常是坐在台上做报告或是高高在上指指点点。虽然有些专家的讲座像一场甘霖一样丰富了老师们的理论或弥补了他们专业的饥渴，但是，这些“高空喷洒”的及时雨很快就会蒸发掉。“对话管理导向”的校本培训要求专家改变引领方式和引领作用，要求教师要走“近”专家，专家要走“进”教师，开展平等、深入的对话，使教师与专家共同研讨，共同切磋。专家不再是高高在上的让教师崇拜的对象，而是实实在在的引导者、参与

① 顾泠元，王洁. 促进教师专业发展的校本教学研修[J]. 上海教育科研，2004，(2).

者、共享者。专家与教师共历设计教学、实施、反思的全过程，与教师同甘共苦，这样的专业引领不再是从高处喷洒，而是从根部进行滴灌，有助于教师的持续成长。

(6) 与家长对话，有礼有节，有心有爱

近年来，家长对孩子教育和对学校的关注度持续升温，家校关系也变得越来越敏感紧张。一个教师怎样向家长准确得体地传递学校的教育理念，传递自己的教育思想、主张，表达自己的意见和建议，如何真正理解家长的苦衷与诉求，如何在孩子的教育上与家长达成共识，看起来都是一些最平常的问题，如果处理不好，将会使教育效果大打折扣，甚至出现负面效应。在教师与家长之间的对话交往中，对话主体的关系是很特殊的：他们有着“都希望孩子好”的共同目的，是利益共同体，但同时由于责任的不同又容易成为一种对立的关系。教师在与家长对话交往过程中要特别注意遵循“尊重、聆听、真诚、做朋友、给予安慰、感同身受、息息相关”等原则，力求做到有板有眼、有心有爱、积极达成对话。

4. 培育“开放、合作”的组织氛围

都市里人与人的空间距离越来越近，但人们之间的对话却常常处于“断裂”的状态。对话的断裂是源于工业时代的流弊，“我”与他人的关系和“我”与客观世界的关系都变成了一种主体对客体的认识和利用的关系，一种征服与被征服、改造与被改造的关系。这种建立在传统的“主体——客体”实践观基础之上的人的主体性导致了人与人、人与自然、甚至人与自我“对话”的“断裂”。① 建平实验中学校本培训中出现的诸多问题，归根结底是组织与人、人与人之间关系处理上的断裂问题，尤其是管理者与培训对象之间的关系断裂。修复这种断裂既要靠明文规定的“对话协商”的制度，也要靠“不言而喻”的组织氛围。

【访谈 7】

学校时刻需要“补气”

（说明：2012 年 2 月，笔者对上海市教研室教研员、著名特级教师步根海

① 陈国民. 学校对话管理模式：涵义与构建[J]. 江苏广播电视大学学报，2011,(2).

老师进行了当面访谈,请他对建平实验中学的教师专业发展提出建议。)

笔者:您好,步老师。您长期担任我校导师团的首席专家,对我校的办学历史和教师队伍的现状应该是比较了解的,这次访谈您,是想请您站在专家的视角对我校的教师专业发展提出一些建设性的意见。

步老师:我认为你们学校办学十几年一直都很重视教师队伍建设,这是非常难能可贵的。让我提建议,我觉得提具体的方式方法没有什么太大的意义,方法总是受思想观念的引领的。我就提一点“虚”的吧,我认为你们学校时刻要“补气”。

笔者:哦,这种说法倒真是很新鲜,也有点玄。请您具体说说看。

步老师:所谓“补气”,有两层意思,一层是学校的气氛;另一层是教师的气质。因为你们学校现在的办学水平是比较高的,学校的各方面基础都很好,所以培养教师不能太拘泥于教学技术层面,要关注学校和教师专业发展最高端也是最难以突破的问题。“气”这个东西有点玄,其实是很真实的,是无所不在的。我说“补气”,是借鉴了中医的说法,气盈则体盛。一所学校气氛好,学校肯定是与众不同的,一个老师气质好,也肯定会脱颖而出的。大气的学校,才能培养出大气的老师。

笔者:您所说的大气,我能体会到一些特征,您能具体说说看吗?

步老师:最主要的还是“开放”,其次是“合作”。根据我对建平实验中学十几年的了解,如果能进一步培育这样的组织氛围,教师就会有更多的对话机会,有更大的话语权,成长空间也会更大,我想学校的内涵也会更加丰富。

通过访谈7,结合对“元老级”教师的访谈来看,“开放”“合作”的组织氛围与开展“对话管理导向”的校本培训在促进教师专业发展方面是互为条件和结果的。这种学校氛围的典型特征是高信任和组织低松散。不论校长还是教师,他们的行为都充满激情。校长关心体贴教师,并为他们的工作提供支持,教师之间合作愉快并能致力于工作的完成。①

因此,教育管理由断裂走向对话是一个自然的选择。“对话管理导向”的

① 赵中建主编. 学校文化[M]. 上海:华东师范大学出版社,2004:348.

校本培训强调学校教学实践场景中人与人之间关系的融合，力求摆脱传统管理所带来的人与人之间的断裂，致力于实现对教师的绩效要求与教师幸福感统一的组织目标，强调以教师为主体的多元对话，通过对话培育"开放""合作"的组织氛围。

四、教育的五项修炼——"多元对话"的校本培训活动举隅

建平实验中学近三年来，在原有基础上进一步梳理校本培训的优势和特色，重视顶层设计，凸显规范性；强化过程落实，体现浸润式；优化成效意识，走向课程化。在指导思想与方法上，提倡"四常"与"四精"。"四常"即日常培训要注重"常识、常规、常态、常心"，从尊重常识出发，不做违背教育规律与基本常识的事情，逐步形成各项常规，进而达到常态化，并且随时随地都应保持一颗平常心，使整个学校的运行做到有条不紊、韵调律齐。"四精"即组织活动要力求"精心、精致、精彩、精品"，精心策划活动内容，精致实施活动过程，精彩呈现活动效果，精品打造高端活动，使各项活动都能精益求精，给人以美的冲击和深远影响。以下教育的"五项修炼"系列活动，呈现出建平实验中学在探索"多元对话"培训形式上所付出的坚实努力和留下的实践轨迹。

（一）第一项修炼：自我超越·修炼教育的志力

李政涛博士曾经为卓越教师写过这样一段颁奖词：他们把参与教育研究变成了高难度的自我较量，在艰苦卓绝的自我更新中实现了自我超越，实现了生命能量的自我增值，完成了朝向"教育故乡"的精神扎根。李博士认为一个教师的成长过程是在精神磨砺中修炼人生、修炼学问的过程，是一种促使自我精神世界转型和变革的过程，是灵魂再生与涅槃的过程。笔者也由衷地赞同决定教师专业发展的第一要义在于个体的生命自觉，因而学校通过主题系列活动引导教师与自我对话，"修炼·教育的志力"这一活动的命名缘于学校对老师们寄予的厚望与期待，志力即"志向与才力"，立志储才、成就未来，通过自我定位、自我规划、自我反思、自我修正完成教育阅历与研究体验的告白与升华。

【档案 30】

“修炼·教育的志力”暨上海市建平实验中学见习教师规范化培训展示活动

（说明：此项档案资料摘自建平实验中学微信公众平台报道，时间为 2018 年 5 月）

2018 年 5 月 21 日，初夏微雨，“修炼·教育的志力”暨上海市建平实验中学见习教师规范化培训展示活动在建平实验中学未来教室成功举办。本次活动由建平实验中学承办，由浦东新区教育发展研究院教师发展中心副主任张新、浦东见习教师培训项目组的张娟老师指导，参与此次活动的还有建平西校、实验东校、进才实验、进才北校四所学校相关工作的负责领导及建平实验中学带教导师团、成就未来使命团的教师们。

学校在打造青年教师这支队伍上，抓一个“培”字，重一个“育”字，特为 35 周岁以下的青年教师成立了“成就未来使命团”，让青年教师在“学中起步、教中体验、研中感悟、思中提升”。这一社团，作为局团委青年工作的品牌项目、“青年成长导航系列活动”的典型，为青年教师的成长成才保驾护航。专家引领、交流考察、读书沙龙、教育教学擂台赛、户外拓展训练等不同形式的培训让青年教师们走上了自己专业发展高起点、加速度的快车道。学校给年轻教师引路子、搭台子、架梯子、压担子，为“新手”教师安排教育教学双导师，通过目标清晰、内容充实、活动密集、管理严格的校本培训，缩短摸索期，提升胜任力。导师团经过认真务实的思考、设计和实践，真正让培训工作的带教形式“活”了起来，讲座内容“亮”了起来，师徒互动“转”了起来，培训主体“动”了起来，网络联结“通”了起来。

本次活动由优秀学员进行分享，在认真准备发言稿、制作 PPT 的过程中，他们的学科素养和教育情怀都有了明显的提升。此次活动的设计者力图发挥参训者的主体作用，以学习者为中心，以自身案例为载体，让青年教师真实地发现，真正地探索，真切地感悟。以下摘录的是部分学员对自己一年来专业发展的回顾与展望：

学员陈潇潇发言：

2017年是踏实而改变的一年。3月，我便接到了要在崇明开课的任务，主题是“未来课堂”。在一次次的磨课中，我得到了导师李百艳的专业引领和孙伟菁老师、宋文娟老师的全力协助，从此收获了用思维导图来展开教学的好方法，这为我的教学开启了一扇新大门。此外，在一次培训活动中，我观摩学习了曹刚老师的《邹忌讽齐王纳谏》一课的现场教学。曹刚老师打造了一条问题链，他高效解决核心问题的教学设计又为我的课外文言文教学打开了新思路。

这一年，我也阅读了一些跟教学专业有关的书籍，比如导师李百艳老师的《上海名师课堂中学语文李百艳卷》、曹刚老师的《课文可以这样读》、詹丹老师的《语文教学与文本解读》……这些书籍都促使我不断反思自己的课堂。

2017年的培训活动让我不再闭门造车，我在一次次思维碰撞中学习着、思考着。2018年，我将真正走向教学这片田野，构建语文教与学的桃花源，晴耕雨读，不亦乐乎。

学员程春雨发言：

在对的时间遇到对的人，可能一切都会随之改变。2017年对我来说，是变动巨大的一年，也是收获颇多的一年。这一年，在经过再三的思量和权衡之后，我选择往前再走一步。我从南汇四中来到了建平实验，也就是这个决定，让我更清楚了自己前行的方向——在导师的专业引领下，不忘初心，砥砺前行。专业的方向明确了，再往前走就不累了，未来也更有盼头了。

说到另一个收获，我想还是跟我的研究有关。学习共同体的本土化研究，我已经做了5年。研究不但给我的教学带来了巨大的改变，也让我感受到了做一个老师的幸福。2017年所获奖项虽然不多，但研究却是实实在在的。回顾一年，我上了五节大型的公开课，参加了两次学习共同体的大型研讨活动；去了马尔康走进藏族孩子的课堂；到了昆明跟当地的老师们一起研讨、学习；应邀参加了浙江三门县教师培训活动；撰写了近3万字的教学反思。

2018年我给自己定的目标是在建平实验和更多的志同道合的同伴一起亲近课堂。

身在“建实”，心也在“建实”，我要向各位老师多多学习，戒骄戒躁，好好读书，好好研究。

学员们的发言总结了一年来自己的得失与苦乐，明晰了自己的优势与不足，大家普遍认为一个教师应该突破成长中的“瓶颈”，应该突破自身的惰性和因循，唯有保有持续更新的专业自觉，才能站得高，才能走得远。青年教师们非常珍惜每一次研修与学习的机会，由衷地认可培训是一种福利，成长是一种幸福。

浦东教育发展研究院教师发展中心副主任张新老师对建平实验中学的教师培训工作给予了高度的评价，他说建平实验中学充分发挥了优质学校的引领辐射作用，为整体提高区域内各校“职初教师”的专业水平、有效推进区域内教育均衡化发展做出了巨大的贡献。

一个以“教育他人”为业者，首先需要从“自我教育”开始。“修炼·教育的志力”活动引导教师与自我对话，使他们积极观照自身需求，科学合理地自我评估，及时准确地自我总结，主动自觉地自我规划，让一种内在的根本性变化喷涌而出，开始打破旧我、重构新我的生命历程。于是不少教师积极主动参与教育教学实践，勇于承担学校各项工作，逐渐拥有了对未知的敏锐触觉，洋溢着不断进取的活力。

（二）第二项修炼：同行互助·修炼教育的合力

“独学而无友则孤陋而寡闻”，身边榜样的资源挖掘、校内高人的智慧辐射、资深教师的精神传承，在同行之间展开有效对话、修炼教育的合力，可以让彼此的心灵世界更丰盈，让生命疆域更宽广，让教育生活更美好。学校每学年要求“种子教师”开展聚焦主题的教学展示，举办浓缩经验的微型讲座，参与链接实际的学术论坛，这些交流分享平台对全校教师而言是一次增智慧、暖心灵、塑人格的成长之旅，对发言老师而言也是一次将隐性经验显性化、将零散经验系统化、将个别经验普及化的梳理契机。

【档案 31】

践行理想　携手卓越

——建平实验中学“修炼·教育的合力”培训活动纪实

（说明：此项档案资料摘自建平实验中学微信公众平台报道，时间为 2018

年3月）

2018年3月15日，沐浴着暖暖的春风，怀揣着满满的期待，我校教师聆听了一场既有宏观韬略又见细微深处的讲座——“践行理想　携手卓越”，这是由建平实验中学具有丰富的教科研经验的资深骨干教师李德新老师精心准备、倾情推出的。

活动在青年教师们的齐诵声中拉开序幕，从为李德新老师撰写的颁奖词里，大家一起走近这位已在教坛耕耘了30余年的资深教师，感受他不倦探索的专业追求以及忘我奉献的育人情怀。

李德新老师颁奖词：

“春风化雨、润物无声，三尺讲台育英才

文采飞扬、笔墨留香，科研文坛谱华章

从东海之滨到西域边关

从繁华都市到大漠荒滩

您带着

海派人的柔肠与援疆者的豪情

毅然行走支教路

无私奉献戈壁滩

浦东对接新疆

建实心系莎车

两届援疆，一往情深

染霜的华发

消瘦的面庞

无不证明您是

学校管理的推动者

教学工作的示范者

社会和谐的促进者

不是每朵花都能绽放在天山上，雪莲做到了

不是每棵树都能挺拔在沙漠里，胡杨做到了

不是每个人都能在艰苦条件下忘我奉献，李德新老师做到了”

接下来李德新老师以一系列纲领性文件作为讲座的引子，提示老师们应增强对宏观层面的关注意识，脚踏实地的同时不忘仰望星空。一个关于“砌墙”的小故事深入浅出，引发了与会者关于人生价值取向的思考。高度决定视野、方向成就未来，前辈基于专业自信的感染力与召唤力，促使老师们萌生了对于更高远的育人境界的追求。

李老师立足教学实践，贴合听讲者需求，阐述了“家常好课”的12个特质，他将多年的教学经验系统梳理，深入思考，高度提炼，形成体系，高屋建瓴而不故弄玄虚。学员们听讲投入，认真记录，大家都觉得受益匪浅。李老师在谈到教科研时，用自己勤积累、勇探索、爱动笔的实例为老师们明确了方向、树立了信心、提升了认识。虽然日常的教学工作琐碎而纷杂，但努力成为一名眼光有高度、思想有深度、生命有厚度的教师应该是每个从教者的责任与使命。

互动环节中，教师们感恩自己遇上了一个重视教师发展的好时代，感恩自己拥有众多前辈鼎力扶持的高平台，他们或交流共鸣点，或探讨疑惑处，或明确践行路，发言积极，气氛热烈。李老师因年轻教师们的善于反思和勇于改进而颇觉欣慰，他由衷地期待教师们能够提升科研意识与文本撰写能力，成为学习型教师、研究型教师、专家型教师。

建平实验中学一校三区，校区间师资分布不够均衡，于差异间发现互相借力、彼此增值的培训资源，在不同层面的同行对话中构建反哺与互促的带教梯队，前辈的敬业与专业成为了新生力量的精神榜样和动力源泉。另一方面，把成熟型教师当成专家培育，老师们便真有了专家范儿——他们在新教师的点滴成长中体验着快乐，从后生们跃动的青春里汲取生命的活力。同质互激、异质互补，老师们在对话中学习，在碰撞中借鉴，在交流中超越，他们美美与共、和而不同，各展其能、各美其美，构建了幸福的成长共同体。

（三）第三项修炼：专家熏染·修炼教育的实力

邀请专家指导本校教师是许多学校的常见做法，然而，如何真正发挥专家的引领作用却困扰着许多学校。从专家指导的形式来看，基本可以分为两种：一种是专家坐在台上做报告或是对某些活动给予点评；而另外一种则是教师走“近”专家，专家走“进”教师，开展平等、深入的对话。上海市建平实验中学“三特”(特级教师、特需项目、特别引领)教师专业发展项目使专家与教师全程对话，他们共同参与项目的设计实施，相互切磋，相互促进。

【档案 32】

“修炼·教育的实力”“特级导师”聘任仪式暨“聚焦课堂　成就未来”研讨交流活动

(说明：此项档案资料摘自建平实验中学微信公众平台报道，时间为 2017 年 5 月)

5 月 19 日，“修炼·教育的实力”“特级导师”聘任仪式暨“聚焦课堂　成就未来”研讨交流活动在建平实验中学成功举办。此次活动是我校“修炼”系列的第三季，是继“修炼·教育的魅力”“修炼·教育的功力”之后的又一次高规格、高水准的主题研修活动。

本次活动由建平教育集团、金杨教育学区、二署校际联合体主办，旨在贯彻落实浦东新区教育党工委“做深改革、做细治理、做优发展、做强队伍”的工作理念，为教师专业发展提供路径、搭建平台、给予支持，助力教师提升专业素养，获得专业自信，整体抬高区域内各校教师专业水平，扎实推进区域内教育均衡化发展。

浦东教育局组织人事处处长曹绪飞、基教处处长乐蕴韬、上海市师资培训中心主任周增为、浦东教育发展研究院李彦荣博士、二署署长吴燕、建平集团秘书长郑朝晖、职成教处金学成老师、二署陈翠娥老师等领导与老师参加了此次活动并对活动给予了高度评价。各联合体学校校长、教师、西藏日喀则校长、骨干教师研修班学员和名师培训基地学员等 300 余人参加了活动。

活动分各教研组主题活动和集中聘任仪式两大版块。下午 2 点，活动拉开帷幕。在活动第一版块，每位特级教师导师团专家深入一线，按学科到所在教研组进行主题教研、专题指导，和与会教师进行近距离的接触和交流互动。

第二版块聘任仪式在建平实验中学建德堂举行，分“修炼”系列活动回顾、教育箴言朗读展示、学科导师聘任仪式、导师代表主题发言、专家点评领导讲话、校方总结致谢几个环节。“修炼”系列活动回顾以观看视频的形式向与会人员展示了第一、第二季的经验成果。来自校际联合体的十三位青年教师以“朗读者”的表现形式向各位介绍了周增为、朱健朴、步根海、李功爱、李鹰、施志红、汪德武、夏向东、谢忠新、杨正家、于基泰、邹淑君、陈璞等十三位特级教师以及他们对青年教师的寄语。青年教师的朗读或热情洋溢、或温文尔雅，语言清丽优美，给与会者带来了耳目一新的视听冲击，也引发了大家的深入思考。然后，被青年教师称作上海市八十万学生“总教头”的步根海老师作为导师团的代表发表了讲话，他提出荣誉的背后是付出，表达了融入到建平实验、融入到教师，甚至融入到学生中的愿望；提出了如何与教师一起不断形成问题共识的观点；提出与教师一起思考、发现解决问题的方法和途径以及如何具体落实到课堂等的思考。

教师代表主题发言聚焦“探索未来课堂，共享互助成长”，由枣庄路校区薛晨和地杰校区王佩芳老师登台表达他们在学科教学之路上的思考。薛晨老师语言朴素平实，着重强调了她教学中所一贯倡导的“尊重、公正、互信、平等”原则，强调教师就是在不断地为学生“搭楼梯”，以求达到“学生不怕数学，喜欢我的课”的目的。王佩芳老师则以“课堂成就教师的专业发展”为题对从教以来的教育教学进行了回顾。她用艾青的著名诗句“为什么我的眼里常含泪水，因为我对这土地爱得深沉”来充满诗意和深情地表达对学校、同行、学生以及家人的感谢，并提出了摒弃“用一个方法教一百个学生，做一个教书匠”的短视行为，要努力实现“用一百种方法教一个学生，你就是教育家”的梦想。

上海市师资培训中心主任周增为老师对两位教师的发言给予了高度的评价。她说：“建平实验是很多学生的精神家园，这里的老师都在努力地帮助学生建立正确的人生观，为他们打下人生的坚实基础；两位老师的发言，充分地体现了学校追求教育本真，也彰显了建平实验中学‘探索真知、追求真理、学做真人、活出真我’的办学特色。”

组织人事处曹绪飞处长认为，建平实验中学每一次教育教学活动无不“求其上、求其特、求其美”，它“登高山、寻高人、拜高师、做高徒”的教师专业发展路径非常值得肯定。曹处长对我校“三特”（特需导向、特级导师、特约导航）项目的“高起点、高标准、高战略”以及学校活动呈现出的“人无我有，人有我优，人优我特”的追求、设计与表达表示了由衷地赞赏。

最后，李百艳校长对参与活动的专家、领导、嘉宾表达了诚挚的谢意，她感谢他们应邀而来，如期而至。同时，她也对目前“老师成就学生，消磨自己”的初中教育现状提出了自己的思考，希望通过“三特”活动、“修炼”系列为老师搭建专业成长的平台，使老师们在成就学生的同时也能成就自己。

学校为每个教研组每一门学科聘请了一位特级导师，对话内容有专业阅读的引领，有命题素养的指导，有课堂教学的打磨，有科研意识的培育。专家的引领航向、指点迷津让老师们的职业素养得到了近距离的滋养与浇灌。“玉在山而草木润，渊生珠而崖不枯”，专家们深厚的文化积淀以及教育教学上的真知灼见在老师们的生命中留下了珍贵的光影与印痕，让老师们获得了更真实的存在感和更深沉的幸福感。特级导师、特需导向、特约导航的高起点、高标准、高战略为建平实验中学打造了一些品牌教研组，成就了一批有区域影响力的教师。

（四）第四项修炼：学科深研·修炼教育的功力

教师的生命在课堂，而掌握学科的教学规律是一个教师在课堂上纵横驰骋的先决条件。一名优秀的执教者，只有在不断地与学科对话的过程中，探寻和熟悉教学潜在的规律，才能在学科领域高屋建瓴、举重若轻、修成内功。有意识地对每日每时教学活动的前提、过程、结果进行评价考察、批判总结，是促成教师在每一个教学环节中实现教育意义的重要基础。深入的理论知识、鲜活的教学案例、切身的教育困惑、点滴的教学反思经由倾听和分享，教育教学规律的认识得以深化，教育教学行为得以调整。

【档案 33】

“修炼·教育的功力”“潜心教研，提升素养”学科命题交流研讨活动纪实

（说明：此项档案资料摘自建平实验中学微信公众平台报道，时间为 2016

年5月）

2016年5月20日，由建平教育集团、金杨教育学区、二署校际联合体主办，建平实验中学承办的“修炼·教育的功力”“潜心教研，提升素养”学科命题交流研讨活动在建平实验中学举行。

建平教育集团、金杨教育学区、二署校际联合体各兄弟学校的领导、教师代表，以及建平实验中学全体教职员工参加了本次活动。浦东新区教育发展研究院区域教育中心主任李彦荣女士、华师大公共管理学院教授葛大汇先生、第二教育署署长吴燕女士、建平中学党总支书记卜文雄先生对本次活动进行了指导。

作为区域内教师专业发展共同体，共同策划、开展本次活动，目的在于积极落实浦东新区教育党工委“做深改革、做细治理、做优发展、做强队伍”的工作理念，为教师专业发展提供路径、搭建平台、给予支持，助力教师提升专业素养，获得专业自信，整体抬高区域内各校教师专业水平，扎实推进区域内教育均衡化发展，造福一方百姓。

本次活动之所以能顺利开展，是因为得到了各校领导、教师大力支持和积极响应。从前期策划、沟通协商、选定代表、反复研讨到最后活动开展，历时将近两个月，期间校际专业交流持续、深入。来自五所学校、分属六门学科的青年教师代表和大家分享了他们对学科命题的思考和探索。

来自建平教育集团的代表——上海市建平南校的语文教师凌昊，就“综合能力运用”试题和“综合学习”板块的关系，以及如何在日常教学中培养学生的语文综合运用能力，和大家分享了她的经验。来自第二教育署校际联合体的代表——上海市泾南中学的数学教师蒋佩莉，和大家分享了她是如何在遵循原则的基础上探索命题的有效性的。同样来自第二教育署校际联合体的代表——上海市唐镇中学的英语教师黄怡，和大家分享了自己在英语阅读板块命题过程中的学习、反思和成长。来自建平实验中学的两位老师——地理学科叶彬老师和化学学科范秀红老师，分别就如何加强命题过程中的结构性思考，如何加强知识性检测与生活实际的联系，和大家分享了他们的思考与实践。最后，来自金杨教育学区的代表——上海市陆行南校的物理教师王克，结合双向细目表及浦东新区初三一模、二模考的相关数据，谈了他对如何命好题的理解。

六位老师的发言，引发了现场领导、专家、教师的强烈共鸣与深入思考。华师大公共管理学院葛大汇教授首先对此进行了点评。他对发言老师能从结构出发思考命题的效度大为赞赏，强调命题必须讲结构。其次，他提醒老师们，在日常诊断过程中对难度和区分度要辩证思考。最后，他希望老师们分清"成就测验"和"能力测验"的区别，要在建立校本题库、题目分类管理和提升练习效度上狠下功夫，尽可能因材施教，减轻学生负担。浦东新区教发院李彦荣博士作为学区化、集团化办学市级层面的专家，从这次命题研讨交流活动中感受到了各校的责任、担当和情怀，充分肯定了类似活动在整体推进区域内教学变革中的重要作用。她认为，教师要由知识的引领者走向思想的变革者，要让学生由知识的习得者成长为综合人才。我们要在推进教育变革的过程中有所作为，真正带领孩子走向诗和远方。第二教育署吴燕署长感叹教师发言的精彩，认为其体现了校际之间的沟通、教研、合作的效果。这次研讨的切入口很小，但是却非常专业，因而具有不可替代的价值。建平中学党总支书记、特级教师卜文雄先生为参与交流的老师们点赞。他希望大家要重视检测前、检测后与命题之间的关系，坚持使用双向细目表，不断提高命题质量。与此同时，在检测教学的过程中，要重视学科"双核"(核心知识与核心素养)并重，要挖掘每门学科的核心素养、价值追求、科学精神、人文底蕴、审美情趣。在日常教学过程中要重视学生思维方式、思维能力、学习能力、分析能力、表达能力的培养，尤其是培养再发现、再创造的能力，以及解决问题的信心。

李百艳校长在总结发言中对金杨教育学区、建平教育集团、二署结对项目各校校长的大力支持、发言教师的倾情投入、管理团队的默默付出，以及领导专家鞭辟入里的指导、高瞻远瞩的指引表示了由衷的感谢。她回顾了去年举行的"修炼·教育的魅力"读书交流活动，希望建平实验中学的"修炼"系列能够做成校本研修的长青品牌，为推动区域内教育均衡化发展做出积极的贡献。

教研有道，探索无涯。从事任何一门学科的教学，没有潜心钻研的定力，没有苦心修炼的耐力，没有用心对话的功力，是没有可能支撑一个教师走向学术自由、精神繁盛的理想境地的。修炼教育的功力、与学科的深入对话的活

动，站位有高度，视角有宽度，思维有深度，讨论有尺度，让教师专心行走于课堂间，静心积淀于教学后，使教与研、思与行成为教师专业生活的一种方式。

（五）第五项修炼：书籍涵养·修炼教育的魅力

学养影响眼界，眼界决定格局，而格局关系到人的一生。对教师而言，读书是专业成长的捷径，它使理念得到更新，策略得到丰富；读书是精神明亮的通途，它使生命得到滋润，心灵得到净化。与书籍对话的活动中，一本本有深度、有温度的著作走进了老师们的视野，一系列关于读书的高端讲座和研讨活动影响着教师们的生活，让教师富有书卷气，让学生富有书生气，让校园富有书香气。立根守正，养气铸魂，阅读让教师的思想丰盈起来，使他们远离平庸与琐碎，远离狭隘与闭塞，努力修炼成善心美德于内、嘉言懿行于外的魅力教师。

【档案 34】

修炼·教育的魅力——建平实验中学读书交流活动综述

（说明：此项档案资料摘自建平实验中学微信公众平台报道，时间为 2015 年 5 月）

2015 年 5 月 29 日，由建平实验中学党政工联合李百艳语文教师基地联合举办的“修炼·教育的魅力”读书交流活动在建平实验中学枣庄路校区隆重举行。德高望重的于漪老师、建平中学杨振峰校长、浦东新区教发院语文特级教师兰保民、第二教育署党办翟敏老师等嘉宾应邀出席。建平实验中学全体教职员工以及李百艳语文教师基地学员、竹园中学部分领导、老师参加了活动。

为了每一个学生的终身发展，是这个时代赋予教育的光荣使命；成为一名具有教育魅力的现代教师，是这个时代赋予教师的崇高使命。而读书、学习，无疑是现代教师修养、锻炼教育魅力的必由之路。正因为此，建平实验党支部把开展党员读书活动作为加强学习型党组织建设的重要举措，并将之作为党支部纪念建党 94 周年“七一”系列活动的重要组成部分；学校行政则通过教科室，在全校层面开展读书活动；李百艳语文教师基地则把“读名著　读名师”做成了系列活动。

上述各条线、各层面的读书活动，目的、指向都是明确的、唯一的，那就是不断修炼教师的教育魅力，不断提升教师的育人能力，让教师不断接近“人类灵魂工程师”这个充满尊严的称号。而共同策划开展本次“浸润经典，涵养生命”读书交流活动，目的就在于通过分享交流、互动沟通的方式，倡导阅读教育经典，倡导修炼教育魅力。

活动当天，建平实验中学奚慧菁、王治卓及五三中学王丹旦、下沙学校郑运妍四位老师，从不同视角交流了她们阅读《教育魅力》《语文教学谈艺录》的切身感悟及修炼教育魅力的不懈努力。随后，《教育魅力》的编委之一兰保民老师，简洁而系统地为大家阐释了教育魅力的内涵，并从去蔽，成就真性情，去俗，造就真学问，去庸，练就真本领三个方面，谈了如何才能形成教育魅力的问题。杨振峰校长则从“魅”的说文解字谈起，结合一个理科教师的身份、视角，指出教师要形成教育魅力，必须立足课堂、心怀世界、同时满怀爱心。

《语文教学谈艺录》《教育魅力》的作者、编者于漪老师，从编写这两本书的意图谈及她对教育魅力的理解。她列举古往今来的圣贤名师，细数他们的教育魅力，强调对学生的爱心是魅力之魂，并以自己一辈子做教师，一辈子学做教师的历程和追求，勉励在座教师通过不断地学习来修炼自己的人格魅力和学术魅力，做一个拥有时代精神的现代魅力教师。

建平实验中学校长李百艳在总结发言中表达了对于漪老师及各位发言老师的衷心感谢，并表示学校将继续深入开展读书学习活动，充分发挥党员先锋模范作用，不断激发老师们做一个有魅力的教师。

本次读书交流活动取得圆满成功，并在广大教师中引起了强烈反响。从大家情不自禁在微信朋友圈的抒发感怀中可见一斑：

① 第一次如此近距离地与于漪老师面对面。于漪老师精神矍铄，虚怀若谷，讲起话来低调谦恭，平易近人，实乃大家风范。

② 耄耋之年笔耕不辍，大德之心又是平易近人。为师若能及于老师十分之一，已是知足。

③ 魅力校长延请魅力专家并引领我们走进魅力教育、塑造魅力教师、创

设魅力课堂！向86高龄虚怀若谷且精神矍铄的于漪老师致敬，每一次聆听都深受启迪和感染：我们要追求人格魅力、学术魅力和时代精神。

……

除了上述对于漪老师的由衷赞美外，更有不少老师进一步思考如何提升自己的教育魅力：

① 教师教语文、教学生，教的是人文底蕴。同样是上课，缺乏修养与学问的教师，为上课而上课，教师的心只是在等待。具有生命学问和生命修养的教师，上课的同时又在享受上课，全然进入了课堂中的每一个当下，和学生情情相融、心心相印，彻底打开了自己与学生的生命，从中体认到了人生的幸福和意义，也实现了诗意地栖居在语文大地上的诉求。人课合一、高峰体验、全然进入、融为一体，这样的语文是我精神生命的图腾。

② 教育，是一种不安于现状的艺术追求、艺术实践；没有教育的教学是丢了魂的知识排列；做一辈子的老师，要一辈子学做老师，永远不能停止学习的步伐，不能断了精神食粮，没有记忆的脑袋就像没有蜡烛的灯笼，那是无法照亮学生的。

……

在资讯多样和价值多元的今天，教师权威的树立已不再是一件轻而易举的事，社会对教师的信任也不再那么自然而然。那么，今天的教师究竟该学做什么样的教师？育人仍是教师不变的使命。开拓创新和潜心研究实为当代教师担当育人使命、彰显教育魅力所必备的职业志趣。

所有老师的分享都没有停留于摘录和引用，他们读书不轻信、不盲从，有汲取、有批判，他们把所有的收获都内化吸收成为教育的灵感和生命的养分。他们面对教育变革颇具敏锐的触觉，结合教学实践不乏务实的思考。阅读、反思、实践、学以致用、活学活用，阅读心得在一个个活泼的教育教学案例中精彩呈现。在阅读中，老师们收获的不仅是“经师”的内容、方法与技术，还有“人师”的信念、价值与情怀。认真制作的PPT，仔细润色的发言稿，无不体现出一种投入的姿态、阳光的心态、敬业的状态以及美丽的样态。与书籍对话，在阅读的滋养与熏陶下，在文化的浸染与光照中，努力成就大胸怀、大智慧、大德行，是老师们努力追求的境界。读书活动在建平实验中学的校园内助燃起梦想的火花、升腾起信念的火把，从而照亮了每个人的生命。

五、"对话管理导向"校本培训的成效与思考

在过去的三年中，建平实验中学直面办学困境，不断进取，不断突围，进一步提炼了学校办学的"魂"与"体"。"魂"指的是学校的核心价值、办学理念、精神文化系统，"体"指的是学校的物理空间、管理机制、管理制度、具体的教育教学工作。我们努力把学校办成一所"有魂有体、魂能入体、体能载魂、魂体相生、体健魂强"的个性化公办初中。学校将"建德建业，惟实惟新"作为核心价值，将办学理念表述为：脚踏实地育真人，千方百计创未来；学校构建"美丽校园、书香支部、心灵港湾、温馨班级、德业课程、未来课堂、真善少年、仁爱教师、智慧家长"九位一体的新一轮发展规划框架，并以对话管理来贯穿、环绕、沟通所有的人与事，通过积极促进多边多元对话来爱护人、培养人、塑造人、成就人，最终实现学生、教师、家长、学校共同成长、共同发展。

建平实验中学的校本培训以教师个人发展规划的制定和实施为起点，充分尊重教师的专业自主权，以市、区、校三个层面的课题和项目研究为方向，建构了"多元对话"的培训模式，设计了规范化、专题化、系列化的培训课程，细化和完善了富有"建平实验"特色的校本研修制度，使教师的专业发展有依托、重实践、出成果。全方位、多形式、高质量的校本培训引发出惊人的个人成长力和感人的团队凝聚力，教师的职业尊严和生命质量得以提升，学校的区域影响力得以扩大，跨越式发展得以实现，初步形成了"专业共建、精神共勉、生命共生"的培训生态。

（一）培训内涵逐渐丰富，研修品质快速提升

1. 依托前沿理念、专业团队的科学指导

近年来，学校以"绿色指标"特需导向的校本课程建设、创新素养培育、职业生涯体验等市区级项目和课题为引领，提升教师专业技能，强化师德修养，帮助教师培育绿色育人理念，实施绿色教育行为，营造和谐的人际关系。目前已建立的教师专业发展特色项目不仅有学科特级教师导师团，我校还是华师

大基础教育研究所基地学校，是全市唯一一所华师大初中语文教育实验基地学校，是全国心理健康特色学校培育单位，学校还曾与上海市精神卫生中心、上海科技大学等单位合作签约。前沿的理念、专业的指导、优质的资源、科学的引领为老师们构建了高端的学习平台，提供了先进的学术资源。越来越多的教师投入到教育教学研究中来，不断增强理论素养、不断优化教育方式、不断丰富育人智慧、不断提升思想境界。

2. 肩负辐射同仁、融合共进的引领责任

有格局、有底蕴的学校才能滋养出有视野、有情怀的教师，建平实验中学作为金杨学区 6 所公办初中的领衔学校、见习教师规范化培训的基地学校，在集团化、学区化办学中肩负着示范辐射引领的作用。学校承担了与泾南中学、唐镇中学结对的局镇合作项目，由学校指派专人负责项目的设计、实施和评估；我校语数英学科的 3 位带头人担任了金杨学区青年教师发展联盟的秘书，带教指导兄弟校的职初教师；有多名教师在区内开设继续教育课程，并且作为浦东新区学科中心组成员参与区统考学科命题工作，为整体提高区域内各校教师的专业水平、扎实推进教育均衡化发展贡献出了自己的绵薄之力。

笔者身为浦东新区语文教师基地主持人和教育部国培计划研修项目成员，把培养一支有自信力的优秀语文教师团队视为己任，围绕“深耕”与“孵化”两个关键词，身体力行地开展工作。2016 年暑假，笔者还积极参与了上海市教委组织的特级教师赴新疆克拉玛依“公益行”活动，引领教师展望专业发展的高地，深入学科教学的腹地，极大地唤醒了在场教师的培训热情和发展意识。

(二) 课程结构得以优化，运作方式趋于多元

1. 建立校内合力运作的培训团队

在管理机制上，建平实验中学努力促进管理向治理的转变，进行了组织机构变革，将传统的职能处室教导处、政教处、校务办、总务处、人事处等部门变革为具有专业性、整合性、协调性的课程教学中心、学生发展中心、学校发展中心、人力资源部等。机构名称的变化引领着机构功能的变化，各部门的功能由过去以执行行政命令为主，变为以专业引领、统筹策划、沟通合作为主。党、政、工形成合力，学校有健全的教师队伍建设领导小组和管理团队，校长是第一责任人，由学校发展中心负责具体的组织和实施，专设副主任一名，推进“以校为本”的教师专业发展学校内涵建设。此外，学校还明确了各教研组、各备课组、课题研究和实施项目第一责任人制度，将研修组织建设分解到不同的部门、不同的层面、不同的专业团队，形成了有效运行的校本研修管理网络。对话管理不仅达到了预期的管理目的，还带来了老师们的主动参与，生成了许多新成果，很多高明的措施都是从基层的土壤里“长”出来的，营造了“开放、合作”的组织氛围，最大可能地提升了管理层的领导力与执行力，调动了全体教师的积极性，学校焕发出了新的生机与活力。

2. 优化校外共享资源的教育联盟

三年来，学校坚持开放办学，充分利用校外优质教育教学资源，创新教师培训模式，丰富校本研修样态。为打造学习型、研究型、专家型教师团队，学校构建了“三环”（“内环、中环、外环”）教育联盟，即由市内名校联盟、中国教育学会各省市学校组成的教学联盟，以及国外友好学校的学习交流，旨在扩大教师的对话领域，使教师发展的视野更宽、平台更高。教育联盟的组建增进了校际联系，有利于专业视界的打开、先进理念的融合、优质资源的共享，激发了培训活力，丰富了培训形态，提高了培训效益，提升了培训质量。以“三环”架设多种渠道，通过“走出去”“请进来”等培训方式，为建平实验每一位教师搭建了研修、展示、成长的平台，打造了一支拥有国际眼光、传统底蕴、科学思维的教师队伍。

（三）对话成果越发丰厚，区域影响日益增大

1. 师生获奖数量惊人，质量喜人

近两年中，建平实验中学完成了未来教室、创新素养实验室和心灵港湾等专用教室的环境建设，以个性、优质、精准、灵活的策略支持教师的专业发展。高科技的力量正在日益深入地影响着课堂教学的方方面面，教学设备对课程改革的助力越来越大。硬件建设与设备更新绝不仅仅是一种形式、一种辅助，而是为教与学的方式带来了革命性变化，为不同学科的教师跨界发展、迅速提升提供了高水准环境。信息技术与课堂教学的有效整合，尊重了教育教学的规律，贴合了学习者的需求，为学生提供了丰富和个性化的学习内容与资源、真实有吸引力的学习情境与体验。高端的设备使科技、信科、心理等学科的教师课程理解力、课程执行力、课程重构力不断提升，师生们的获奖以惊人的数量与惊喜的质量充分解读了我们的校标“五环相连、五行相生、硕果累累、生生不息”的丰富寓意，充分阐释了我校的育人目标“探索真知、追求真理、学做真人、活出真我”的深刻内涵。

2. 社会美誉度不断提升，学校影响力不断扩大

被评为全国心理健康教育特色培育校、家庭教育示范校、十佳科技特色学校的建平实验中学，在承办各类大型活动时与周边学校资源共享、融合共进，充分发挥了优质公办初中的示范引领作用。三年间，我校多次主办市、区层面的语文教学交流和展示活动，活动中群贤毕至、名师云集，建平实验中学不断汇聚起推动教育改革与进步的力量，不仅努力优秀了一支教师队伍，而且也优化了一处教育生态。“建平实验杯”教学展示、“修炼”系列、“3·18”课堂教学开放日等活动已成为市、区层面颇具影响力的特色品牌活动，多家媒体对我校进行了采访和报道，学校的影响力正通过传统的纸质传媒以及网络等新兴媒体不断扩大，社会关注度、美誉度不断提升。我校曾接待来自新疆、浙江、湖南、香港、台湾等地的校长、教师研修团学习交流，并与美国、英国、丹麦、西班牙等多所学校的师生开展互访活动。建平实验中学的教育教学水平得以全面提升，办学绩效得到家长、社区、教育主管部门的充分肯定。我们的优秀教师面向浦东、面向上海、面向全国辐射经验，我们的学生冲出国门，已经登上世界级的竞技舞台一展风采，建平实验中学成为了浦东教育、上海教育、中国教育的一个展示窗口。

（四）育人境界明显提升，专业素养不断精进

完整是生命最美好的样态，所以教师的成长也不应该是专业发展这一个向度的线性发展，教师的教育之旅、生命之旅，应该是专业发展、教书育人、精神信念几个维度的整体提升、均衡发展。这样的旅程因为伴随着生命不同向度的积极拓展，生命内在与外在的和谐律动，使教师的生命不断更新，日益趋向完整。学校牢牢抓住教师思想建设的主阵地，为践行“脚踏实地育真人，千方百计创未来”的办学理念和“建德建业，惟实惟新”的价值追求，建平实验中学每年 5 月都会通过教研组推荐，结合学生问卷调查，由校务会讨论，产生建

平实验年度“仁爱教师”。仁爱之心是为师之本，奉献、忘我、无私的敬业态度与不断颠覆自我、不断更新生命的专业追求皆由此衍生。为帮助教师深入解读“仁爱教师”的内涵，不断强化“立德育人”的责任意识，学校通过案例故事的撰写与分享、“四有教师”为主题的学习和研讨、“不忘初心　砥砺前行”主题征文等活动，使“学校之魂”像空气一样弥漫在校园的每个角落，像阳光一样照亮每个人的心灵，像春雨一样渗透进学校方方面面的工作中，它也起到了形成共识、凝聚人心、缔造精神、催生活力的作用。此外学校还抓住每年“金爱心教师”的评选、两年一次的市区园丁奖、每年教师节、每年两次的教师考核等契机，对优秀教师进行多种形式的表彰和宣传，唤起了教师的责任心、使命感以及奉献精神，形成了积极的、进取的、充满正能量的组织文化。目前，建平实验中学打造了一支包括 1 名正高级教师、6 名学科带头人、29 名骨干教师、49 名高级教师、85 名党员的教师队伍。这支队伍专业素养高、政治觉悟高、师德修养高，以“仁爱之心”闻名于浦东。“用父母心办教育”不是一句空洞的口号，这句话已成为学校的使命与基本理念，不断内化为学校的文化氛围与教师的行为特征。

当今社会是对话的时代，大而言之，世界上不同国家、不同种族之间的关系由对立走向对话；小而言之，一个组织、一个家庭之间的成员为了和谐的关系也在走向对话，甚至一个个体与自身之间也在经由对话走向深层的自我悦纳和认同。对话可以使分裂走向融合，可以使背离走向统一。“对话管理导向”的校本培训是对“绩效管理”与“专业发展”两种导向的校本培训模式的融合，是对当下及未来教师与学校共同成长的积极探索。诚然，对于这种培训模式的探索与构想，还不够成熟，还需要深入的理论和实践研究，尚有很长的一段路要走。

附　　录

附录1：对历任校长、副校长、教研组长、“元老级”教师、校外专家的访谈提纲

您好！

感谢您能抽出宝贵的时间接受我的访谈。此次访谈主要是为我正在进行的“发展中的教师校本培训模式——建平实验中学建校以来的探索”的这一研究提供实证性材料。我的主要研究意图是梳理总结本校办学历程中校本培训模式的探索与变革，将我校作为一个个案，还原校本培训真实的面貌，总结真实的经验，发现真正的问题，分析当下校本培训存在的问题及成因，积极探索在新的办学条件与社会背景下校本培训的实施策略，解决实际工作中的问题，改进我校的校本培训工作，促进教师的专业发展。它也试图为决策部门与基层学校改善校本培训工作，为校本培训研究工作向纵深发展提供有价值的参考。

访谈内容：

1. 作为建平实验中学的首任校长，您在创办建平实验中学的过程中一向重视师资队伍建设，2000年的暑期集中培训是我校校本培训的发端，您能谈一谈当时条件下如此领先地开展校本培训是基于怎样的思考吗？当时培训的主题是“弘扬建平中学特色，创建一流学校”，确定这样一个培训主题，您有哪些深层的思考？

2. 作为建平实验中学的第二任校长，您任职期间开展的校本教师培训在目标和管理上与建校初期相比，有哪些改变？您当时有哪些深层思考？

3. 作为建平实验中学的第三任校长，您对学校当下校本培训的发展思路与趋势有哪些思考，您对这项工作的价值意义和管理策略有哪些深远思考？

4. 在学校建校之初，我们学校聘请了一些校外专家，成立了导师团，您作为主管这项工作的副校长，您认为导师团在当时究竟发挥了哪些作用？

5. 您是我校的资深教研组长，也是学校的“元老级”教师，您带领的教研组被评为浦东新区优秀教研组，在上海市也有一定的知名度，作为教研组组长请您谈谈在教研组建设方面的经验，特别是建校初期解决教师胜任教学的问题上，你认为哪些办法最有效？

6. 各位都是2000年之前调入学校的“元老级”教师，都全程经历了学校的教师培训，今天对各位做集体访谈，主要是了解教师们对学校建校以来不同阶段校本培训的真实体验，请各位先谈谈建校初期的校本培训给您留下了哪些深刻的印象？然后谈谈对学校发展期，也就是2004年以来的校本培训的感受。大家最好能发现一些问题，这样也有利于学校下一步工作的改进。最后针对当下教师幸福感不是很高的状况，请各位分析一下原因。

7. 您长期担任我校导师团的首席专家，对我校的办学历史和教师队伍的现状比较了解，这次访谈您，想请您站在专家的视角对我校的教师专业发展提出一些建设性的意见。

感谢您的热情支持！访谈中，您为我提供了非常宝贵的资料、信息、思想和建议，再次感谢！

附录2：调查问卷

尊敬的老师：

您好！这是一份关于学校校本培训的调查问卷，本调查旨在了解学校建校以来校本培训工作实施的状况以及您参与其中的感受和体验，您的意见对本次研究非常重要，请您按照提示，根据自己的实际情况填写。您所提供的资料和回答问题情况仅供研究参考，决不外传，我们真诚地希望能得到您的支持！

一、基本信息调查(请您根据您的实际情况，在下表中打“√”。其中，“您的职务”项为多选题，请在符合条件的选项中打“√”)

	A	B	C	D	E
您的性别	男 （ ）	女 （ ）			
您的婚姻状况	已婚 （ ）	未婚 （ ）	丧偶 （ ）	离异 （ ）	其他 （ ）
您的年龄	22—30 （ ）	31—40 （ ）	41—50 （ ）	51—60 （ ）	
您的教龄	1—10 （ ）	11—20 （ ）	21—30 （ ）	31以上 （ ）	
您的职称	未定级 （ ）	中学二级 （ ）	中学一级 （ ）	中学高级 （ ）	正高级 （ ）
您的职务	教师 （以下都不是） （ ）	班主任 （ ）	备课组长 （ ）	教研组长 （ ）	中层及 以上干部 （ ）
您的学历	大专 （ ）	大本 （ ）	研究生（硕士） （ ）	博士 （ ）	

二、关于校本培训实施情况的调查

1. 您对学校现阶段的校本培训工作是如何评价的？（ ）

A. 非常满意

B. 较满意

C. 一般

D. 较不满意

E. 很不满意

F. 不清楚、不太关心

2. 您觉得学校开展校本培训对您的专业发展有帮助吗？（　　）

A. 作用很大

B. 作用一般

C. 作用很小

D. 没有作用

E. 副作用，影响了我的正常工作

3. 您认为学校开展的校本培训对促进学校发展作用发挥得如何？（　　）

A. 作用很大

B. 作用一般

C. 作用很小

D. 没有作用

E. 副作用，影响了学校的正常工作

4. 您觉得哪种校本培训模式对您的专业发展更有帮助？（　　）

A. 注重教师的心理需求和社会需求，管理偏重于专业化，以人为本的“专业发展导向”的培训。

B. 注重学校中考绩效目标的实现，管理偏重于行政化，培训形式多为集中训练，以提高工作效率为主的“绩效管理导向”的培训。

C. 注重教师与领导、专家、同侪、学生、自己对话的“导向对话管理”的培训。

D. 无所谓

5. 从学校发展的角度来看，您觉得哪种培训模式更有利于学校的发展？（　　）

A.“专业发展导向”的培训

B.“绩效管理导向”的培训

C.“对话管理导向”的培训

D. 无所谓

三、关于教师幸福感的调查

1. 您觉得目前学校的工作让您感到幸福吗？（　　）

A. 很幸福

B. 比较幸福

C. 一般

D. 不幸福

2. 您认为现在影响您工作幸福的首要因素是（　　）

A. 工资和待遇

B. 领导的认可

C. 学生的变化

D. 个人的专业发展

E. 学校的文化氛围

F. 学生和家长的素质

G. 社会的认可度

3. 如果您在第1题中选择了答案A或B,请完成此题的选择。

您为什么觉得工作幸福呢？（　　）

A. 因为所教的学生有进步,表现好

B. 因为有更多的培训学习的机会

C. 因为工作比较自由,没有被约束的感觉

D. 因为有良好的伙伴关系或人际关系

E. 其他

4. 如果您在第1题中选择了答案D,请完成此题的选择。

您为什么觉得工作不幸福呢？（　　）

A. 个人发展的需求得不到满足

B. 工作过于繁重，工作压力太大

C. 对学校的发展信心不大

D. 工作缺乏挑战性、创新性

E. 其他

四、关于教师发展方向的调查

您是否有做“专家型”教师的理想？如果有，您最希望学校为您提供哪方面的支持？请写下您的答案。

____

____

____

____

谢谢合作，问卷结束！

附录3:上海市建平实验中学教学质量监控方案

规范教学管理,加强质量监控,注重对教学质量的动态分析,从各个层面客观公正地评价教师的教学效果,及时查找问题,有针对性地采取相应措施,实现教学质量的闭合管理、螺旋式上升,全面提高学校教学质量。

(一) 成立质量监控管理小组

组长:校长　书记

副组长:副校长

组员:教导主任　教导副主任　年级主任　备课组长

(二) 工作流程

时间	内容	负责人(部门)
考试后第一周	各项成绩数据提供	教导处
考试后第二周	备课组、班级、年级部组织质量分析	备课组长、班主任、年级组长
考试后第三周	改进措施跟进,学校总结反馈	教导处
考试后第三周周三或周四晚5:30—7:00	各年级家长会,反馈学习情况	年级组长　班主任
考试后第三周周五	所有质量分析材料以年级为单位归档	教导处　年级组长

(三) 形式及内容

每次大考结束,以教学质量分析会的形式分以下几个层面对教学质量进行分析。

1. 备课组分析

由备课组长召集本备课组老师进行分析。分析内容:试卷分析、各题得失分分析、各班优良率合格率及前1/3、2/3、后10%的分布情况的分析、当前存在的问题、下一步整改措施。

2. 班级分析

由班主任召集本班任课老师进行分析。分析内容:本次考试班级总体情况、各学科在年级优良率合格率及前 1/3、2/3、后 10%的分布情况、当前存在的问题、下一步整改措施。

3. 年级分析

由年级组长负责召集本年级组任课教师进行分析。分析内容:年级总体情况(各班及各学科在年级优良率、合格率及前 1/3、2/3、后 10%的分布情况)、当前存在的问题、下一步整改措施;重点分析两头,请有较大进步者或成绩稳定优秀者介绍经验,对退步者个别谈话,对有较大退步者学校组织听课整改。

4. 家长会

由班主任负责召集,全体任课教师参加,期中考试后召开全体家长大会,会议交流内容:学生在校学习情况、本次考试情况、当前存在问题、改进措施及所需家长支持;期末考试后以家长接待的形式反馈以上内容。

5. 教导处分析

教导处负责对预备年级起点成绩、各年级期中期末考试成绩、中考成绩进行登分,汇总统计后将基础数据提供给各备课组及年级部,向主管校长和校长汇报;教导处主任参与各年级质量分析,并针对问题组织听课整改或开经验介绍等专题研讨会。

(四) 教学质量动态分析量表

班主任工作质量动态分析量表

班主任姓名	优良率	合格率	前 1/3	前 2/3	后 10%	年级名次	总评
入口成绩							
第一学期期中							
第一学期期末							
第二学期期中							
第二学期期末							
第三学期期中							

（续表）

班主任姓名	优良率	合格率	前1/3	前2/3	后10%	年级名次	总评
第三学期期末							
第四学期期中							
第四学期期末							
第五学期期中							
第五学期期末							
第六学期期中							
第六学期期末							
第七学期期中							
第七学期期末							
第八学期期中							
中考							

任课教师教学质量动态分析量表

教师姓名	优良率	合格率	前1/3	前2/3	后10%	均分	均分名次	班级总分	班级总评
入口成绩									
第一学期期中									
第一学期期末									
第二学期期中									
第二学期期末									
第三学期期中									

（续表）

教师姓名	优良率	合格率	前1/3	前2/3	后10%	均分	均分名次	班级总分	班级总评
第三学期期末									
第四学期期中									
第四学期期末									
第五学期期中									
第五学期期末									
第六学期期中									
第六学期期末									
第七学期期中									
第七学期期末									
第八学期期中									
中考									

量表说明：

1. 任课教师教学质量动态分析量表适用于对教师个体四学年八个学期的教学质量监控，根据不同的年级选择相应的学期进行分析。

2. 任课教师教学质量动态分析量表注重对教师教学质量的动态分析，为公正合理，特选取了入口成绩作为参照。

3. 两张量表中的“班级总评”指比较入口成绩对该教师教学质量的总体评价，可用“较大进步”“进步”“保持”“退步”“较大退步”表示。

4. “任课教师教学质量动态分析量表”中的“均分名次”指该次考试该学科在年级中的均分名次，“班级名次”指该班级总分在该次考试中的年级名次，以期形成对照，明白各学科在班级名次中的贡献情况。

5. “班主任工作质量动态分析量表”由年级部主任负责统计分析，“任课教师教学质量动态分析量表”由备课组长负责统计分析，并将统计结果上报年级主任。

6. 以上教学质量动态分析量表中的内容将作为对教师进行教学质量评价的重要依据，根据“总评”一栏的内容确定教师的工作安排，实现教师工作安排的“大”“小”循环。